La Création du monde

ÉTONNANTS • CLASSIQUES

La Création du monde

Récits et poèmes

Choix des textes, présentation, notes, cahier photos et dossier
par CATHERINE KLEIN,
professeur agrégé de lettres classiques

Avec la contribution de LAURENT JULLIER,
professeur en études de cinématographie,
pour la rubrique « Un livre, un film »

Flammarion

Dépôt légal : janvier 2019

ISBN : 978-2-0814-2211-7
ISSN : 1269-8822

SOMMAIRE

La Création du monde

I. Mythologies et création

II. Religions et création

III. Contes d'ici et d'ailleurs

IV. Langage et création

V. Destruction et renaissance du monde

Photo © Musée du Louvre, Dist. RMN-Grand Palais / Georges Poncet

■ *Stèle de la dame Tapéret* (X^{e} ou IXe siècle av. J.-C.), Paris, musée du Louvre. Sur cette peinture, Rê-Horakhty, le dieu créateur à tête de faucon qui symbolise le soleil de midi, dirige ses rayons en forme de fleurs sur la défunte (la dame Tapéret). Les hiéroglyphes placés derrière elle signifient « des milliers de pains, de bières, de viandes et de volailles », mets qui doivent permettre à la défunte de se nourrir dans l'au-delà. La table est garnie d'offrandes pour le dieu.

PRÉSENTATION

Imaginez que nous sommes quelque trois cent mille ans avant notre ère, au Maroc. Un homme préhistorique rentre de la chasse à la tombée du jour. Sur le chemin, il admire le paysage splendide de l'Atlas [1] qui domine l'oued [2] sous les derniers rayons solaires. Il est un *Homo sapiens* [3] : le représentant le plus évolué des hominidés [4], espèce à laquelle nous appartenons encore aujourd'hui. Il n'est plus courbé vers le sol, il est bipède : debout sur ses deux jambes, il regarde vers le ciel. Son cerveau s'est considérablement développé : il a « inventé » le langage, il fabrique des outils et des vêtements, il maîtrise le feu... Il crée même les premières œuvres d'art. Son évolution est prodigieuse et il commence à se poser des questions de plus en plus difficiles : qui a accroché le soleil, la lune et les étoiles dans le ciel ? Comment le premier animal est-il né ? Et le premier homme ?

---

1. *Atlas* : chaîne de montagnes d'Afrique du Nord.
2. *Oued* : lit de rivière en Afrique du Nord.
3. *Homo sapiens* : « homme savant », en latin.
4. *Hominidés* : famille de primates regroupant les espèces de grands singes et les hommes.

Au fil du temps, les humains ont tenté de répondre à ces interrogations par des « récits de création ». Ces histoires racontent les origines du monde et des êtres qui le peuplent. Transmises oralement jusqu'à l'invention de l'écriture (environ 3 000 ans avant notre ère), elles ont ensuite circulé sur divers supports : tablettes d'argile, volumen (rouleaux de papyrus), codex (premiers livres composés de feuilles de parchemin[1] regroupées en cahiers), livres manuscrits puis imprimés sur papier...

Ces histoires qui décrivent la formation de l'univers sont des « cosmogonies » (du grec *cosmos*, « univers », et *gonos*, « action de créer »). Sous forme de récits, de mythes, de contes ou de poèmes, elles sont de tous les continents et de toutes les époques, jusqu'à ce que les sciences prennent le relais pour écrire le récit moderne des origines.

Tour du monde des récits de création

Tous les peuples ont inventé des récits de création pour expliquer le monde, unir les êtres humains et combattre leurs peurs (celles des cataclysmes[2] par exemple). D'un continent à

1. *Parchemin* : peau d'animal préparée pour servir de support à l'écriture, avant l'invention du papier.
2. *Cataclysmes* : grandes catastrophes naturelles.

l'autre, nous allons découvrir ensemble certains de ces récits et admirer l'extraordinaire imagination des hommes.

Commençons par l'**Égypte antique**, vers 2700 avant notre ère. Dans le delta du Nil, à Héliopolis (la « cité du Soleil », du grec *helios*, « soleil », et *polis*, « cité »), un scribe a fini sa journée et rentre chez lui. Sur des rouleaux de papyrus, il a copié le récit des origines qu'il connaît si bien : au tout début, le monde n'était qu'un chaos liquide, un océan tourbillonnant d'eaux sombres appelé le Noun. Puis une colline s'éleva, sur laquelle apparut le premier dieu : Rê, le Soleil. Il engendra[1] le premier couple divin : Air (Shou) et Humidité (Tefnout), et de ce couple naquirent la Terre (Geb) et le Ciel (Nout). Puis Rê fit naître les autres divinités, les végétaux et les êtres vivants. Le scribe regarde au loin les eaux grasses du Nil qui lui rappellent le Noun des origines, il admire et prie le Soleil couchant, Rê-Atoum, père du monde.

Continuons notre voyage en passant par la **Mésopotamie** (du grec *méso*, « milieu », et *potamos*, « fleuve »), le pays situé entre les fleuves Tigre et Euphrate. À Babylone[2], au VIIe siècle avant notre ère, un paysan part labourer son champ à l'aube. La route est longue. Pour se distraire, il se récite l'Enuma Elish[3], l'épopée[4] de la création. Des scribes

---

1. *Engendra* : donna naissance.
2. *Babylone* : ancienne ville aujourd'hui en ruines, située à 180 kilomètres de Bagdad, en Irak.
3. *Enuma Elish* : « Lorsque là-haut » ; il s'agit des deux premiers mots de ce récit.
4. *Épopée* : long poème ou récit qui célèbre les exploits d'un héros.

l'ont gravée à l'aide d'un style[1] d'ivoire ou de métal sur des tablettes d'argile, en écriture cunéiforme[2]. Ce récit passionne mais impressionne aussi le pauvre paysan : on raconte qu'au tout début n'existait qu'un chaos liquide composé des eaux douces de la Terre (Apsou) et des eaux salées de la mer (Tiamat). En s'unissant, ces deux divinités engendrèrent de nombreux dieux, dont Éa, père d'un dieu terriblement puissant, Mardouk. Ce dernier tua Tiamat et créa l'univers à partir de son cadavre découpé en deux. Le soleil s'est maintenant levé. Le paysan se retourne et admire Babylone, la florissante[3] cité du dieu Mardouk, qui s'éveille au jour.

Quittons la Mésopotamie pour la Grèce du IVe siècle avant notre ère. Un berger, au pied du mont Olympe[4], surveille son troupeau de brebis. Le soleil s'est couché, il lève les yeux vers le ciel constellé d'étoiles : Ouranos. Le pâtre sait qu'Ouranos est l'un des premiers dieux, que sa mère est Gaia, la Terre, et qu'avant eux existait le Chaos, la première divinité, un gouffre immense de noirceur. Il sait aussi qu'Éros, l'amour, a participé à la création du monde. Le jeune Grec regarde l'entrée d'une caverne et imagine que c'est dans une telle grotte que les dieux, ou

---

1. *Style* : objet pointu (poinçon) qui sert à graver.
2. *Cunéiforme* : en forme de clous ou de coins. L'écriture cunéiforme, apparue vers 3000 avant notre ère en Mésopotamie (actuel Irak), est la plus ancienne forme d'écriture connue.
3. *Florissante* : prospère, qui se développe bien.
4. *Mont Olympe* : plus haute montagne de Grèce, le mont Olympe est considéré comme le domaine des dieux dans la mythologie grecque.

un Titan [1], ont façonné les premiers humains avec de la terre. Le berger est environné d'une nuit bleu sombre : c'est aussi une divinité, qui a donné naissance au jour, celui que le jeune homme attend en gardant ses bêtes, car tout est divin dans la nature. Il fait une prière à Zeus [2], maître de l'univers, et lui demande de le protéger, lui et son troupeau, des monstres nés de la Terre...

Le voyage n'est pas très long jusqu'à **Rome**, où nous rencontrons un écolier du Ier siècle de notre ère. Il se rend dans un petit local où un maître d'école instruit chaque jour un groupe de garçons. Le jeune Romain copie sur sa tablette de cire, avec son style, de longs passages des *Métamorphoses* d'Ovide [3], qu'il devra apprendre par cœur. La première métamorphose [4] décrite par le poète est celle du monde lors de sa création. Elle commence par la description du chaos, celui que le berger grec connaissait déjà. C'est ensuite un dieu qui, tel un habile artiste, façonne, ordonne et peuple le monde. Le petit Romain est fasciné par ces métamorphoses successives qui mènent l'univers vers sa perfection.

Cet abîme [5] des origines que décrit Ovide, nous le retrouvons lors du voyage suivant, en **Chine**. Au IIIe siècle

---

1. *Titan* : enfants de la Terre et du Ciel, les Titans régnaient sur le monde avant d'être renversés par les dieux de l'Olympe.
2. *Zeus* : maître de l'Olympe (domaine des dieux), il est le dieu le plus puissant de la mythologie grecque. Son équivalent romain est Jupiter.
3. *Ovide* : poète latin qui a vécu à Rome sous le règne de l'empereur Auguste (entre le Ier siècle avant J.-C. et le Ier siècle après J.-C.), auteur des *Métamorphoses* (voir **texte 7**, p. 47-49).
4. *Métamorphose* : transformation d'un être ou d'un objet en un autre, changement total de forme et de nature.
5. *Abîme* : gouffre immense.

de notre ère, lors de la période des Trois Royaumes [1], dans un petit village du nord du pays, une fillette questionne son père sur les origines de l'univers. Bien que fatigué par sa journée passée dans les rizières, le père lui raconte l'histoire de Pangu, le premier être du monde, qui vivait dans un œuf, au cœur d'un chaos immense. Il lui décrit ensuite l'extraordinaire création de l'univers à partir de cet œuf et du corps divin de Pangu lui-même. La petite fille admire, par la fenêtre, les étoiles nées des cheveux de Pangu...

Le chaos des origines est présent dans d'autres contes, notamment en **Afrique**, et plus précisément en Afrique de l'Ouest, au Bénin. Une petite fille et son frère rentrent de l'école et longent l'immense fleuve Niger en songeant au récit des origines raconté par leur maître : dans celui-ci, c'est la grande mère de tout, Nana Bouloukou, qui a organisé le chaos. Les enfants regardent le soleil qui se couche et embrase le paysage qu'ils traversent ; la lune luit déjà dans le ciel. Ils observent en riant ces astres jumeaux qui ont créé les humains d'une bien étrange façon...

Après un long périple, nous arrivons en **Norvège**. Un pêcheur navigue sur l'un des milliers de lacs de ce pays, presque entièrement pris par la glace. Le Norvégien pense alors aux géants-du-givre qui peuplent les récits de création scandinaves [2]. Il se remémore l'histoire fabuleuse qui

---

1. *Période des Trois Royaumes* : période de l'histoire de la Chine qui a suivi la chute de la dynastie Han. Entre 220 et 265, trois royaumes (Wei, Shu, Wu) s'affrontèrent pour la domination du territoire.

2. *Scandinaves* : originaires de Scandinavie, région d'Europe du Nord regroupant la Norvège, la Suède et le Danemark (voir **texte 14**, p. 75-78).

raconte l'abîme des origines, ici nommé « Ginnungagap ». C'est en lui que naquit Ymir, le père des géants-du-givre. Après l'avoir tué, le dieu Odin et ses frères façonnèrent le monde à partir de son cadavre.

Ce corps divin qui donne naissance au monde, nous le retrouvons en **Mongolie**[1] ainsi qu'au **nord de l'Amérique**, dans la tribu amérindienne[2] des Winnebagos. Pour ce peuple, le Grand Esprit a créé la Terre et les humains à partir de sa chair. Les enfants apprennent ainsi que respecter la Terre et les hommes, c'est respecter les dieux, puisque le monde est peuplé de divinités, d'esprits et de toutes sortes d'animaux magiques.

Ces croyances sont partagées par plusieurs peuples d'**Amérique du Sud** : on raconte, en Amazonie, que le Soleil serait le fils d'un jaguar... Lorsque l'on remonte vers le nord, jusqu'aux terres arctiques[3], d'autres animaux fabuleux peuplent les récits. En effet, selon une légende inuit[4], la parole de certaines bêtes aurait un puissant pouvoir créateur.

Tous ces récits de création imaginent qu'avant la naissance du monde existait un lieu mystérieux : gouffre, plaine liquide, œuf géant... La matière, l'espace et le temps s'y mélangeaient dans l'obscurité de façon désordonnée

---

1. *Mongolie* : pays d'Asie centrale, entre la Russie et la Chine (voir texte 13, p. 73-75).
2. *Amérindienne* : composée d'Indiens d'Amérique.
3. *Arctiques* : régions polaires du Nord.
4. *Inuit* : les Inuits sont un peuple qui vit au nord du Canada et au Groenland.

jusqu'à ce qu'une volonté (le plus souvent divine) vienne créer le monde et l'ordonner. Ces récits sont très variés mais des ressemblances les unissent par-delà les époques et les pays. Ils font partie du vaste ensemble des religions polythéistes [1], dont certaines sont encore pratiquées aujourd'hui. Elles se différencient des grandes religions monothéistes [2], dont les livres sacrés racontent l'œuvre d'un dieu unique et créateur.

« Dieu créa les cieux et la Terre »

Poursuivons notre voyage vers des lieux de culte propres aux trois grandes religions monothéistes : le judaïsme (pour les juifs), le christianisme (pour les chrétiens) et l'islam (pour les musulmans). À Rome, au Vatican [3], les catholiques se rendent à la basilique Saint-Pierre pour prier Dieu. Plus à l'est, à Jérusalem [4], de nombreux juifs affluent au pied du Mur occidental (ou mur des Lamentations) pour prier Yahvé. En Arabie saoudite, à La Mecque, les

1. *Polythéistes* : qui reconnaissent plusieurs dieux.
2. *Monothéistes* : qui ne reconnaissent qu'un seul dieu (voir aussi p. 51-52).
3. *Vatican* : État dont le Pape est souverain.
4. *Jérusalem* : ville du Proche-Orient, qu'Israéliens et Palestiniens se disputent comme capitale.

musulmans convergent vers la mosquée al-Harâm pour prier Allah.

Chaque religion est organisée autour d'un livre sacré qui contient la parole divine. La Bible est le livre sacré du christianisme et du judaïsme, qui en reconnaissent tous deux la première grande partie : l'Ancien Testament. C'est dans le premier livre de l'Ancien Testament, la Genèse, qu'est racontée la création du monde et des êtres (*genesis* signifie en effet « création » en grec). Le livre sacré de l'islam est le Coran. La création du monde et des hommes par Allah y est décrite au fil des cent quatorze sourates [1] qui le composent.

Dans ces récits religieux de création, Dieu crée le monde *ex nihilo* [2] puis l'organise peu à peu par le pouvoir de sa parole. Il crée le premier homme, Adam, et la première femme, Ève ; mais, mis en colère par leur impiété [3], il décide de détruire l'humanité par le Déluge [4], épargnant toutefois Noé et sa famille pour qu'une nouvelle humanité renaisse. Le thème du Déluge ne figure pas seulement dans les textes des religions monothéistes : avant eux, *L'Épopée de Gilgamesh* ou *Les Métamorphoses* du poète latin Ovide le mentionnaient déjà. Ces récits sont la trace de cataclysmes qui épouvantaient les humains, impuissants à les comprendre.

---

1. *Sourates* : chapitres du Coran, rédigés en versets (petits paragraphes).
2. *Ex nihilo* : à partir de rien (*nihil*, en latin).
3. *Impiété* : mépris, irrespect envers la religion.
4. *Déluge* : pluies torrentielles, extrêmement fortes. Dans les mythes et les textes sacrés, le Déluge désigne l'inondation du monde entier par de telles pluies.

Ainsi, des ressemblances unissent les récits de création par-delà les continents et les siècles, car les hommes ont partout les mêmes peurs, les mêmes espoirs, les mêmes interrogations. Certains êtres humains croient en Dieu et en ces textes sacrés, d'autres non ; c'est la liberté de conscience de chacun. Quoi qu'il en soit, la connaissance de ces récits a fondé notre culture et nourrit encore notre imaginaire.

Petit voyage scientifique

Les sciences tentent souvent de répondre aux mêmes questions que les mythes et les textes sacrés : comment le monde est-il né ? Qu'y avait-il avant ? Quelle est l'origine de la vie ? Quand, où et comment est-elle apparue ? Les récits de création qui s'écrivent aujourd'hui sont souvent scientifiques et se fondent sur l'observation du monde réel pour en découvrir les lois. Ainsi se compose le grand récit de l'univers, remontant à l'époque du Big Bang, il y a 13,7 milliards d'années, c'est-à-dire aux tout premiers instants de l'univers naissant. Cette science s'appelle la cosmologie (du grec *cosmos*, « univers », et *logos*, « discours », « étude ») : il s'agit de l'étude des lois physiques de l'univers. C'est le grand savant Albert Einstein[1] qui a ouvert la voie à ces recherches au XXe siècle.

---

1. *Albert Einstein* (1879-1955) est un physicien d'origine allemande. Ses travaux ont changé la conception de l'espace, du temps et de l'univers.

De nos jours, des physiciens travaillent à répondre aux questions qui concernent la formation de l'univers, notamment au CERN (l'Organisation européenne pour la recherche nucléaire), situé de part et d'autre de la frontière franco-suisse. Ils mènent des expériences sur la matière à l'aide d'un accélérateur de particules[1], afin de reconstituer en laboratoire les conditions qu'a connues l'univers juste après le Big Bang, car on ne peut actuellement connaître ce qui existait « avant ».

En parallèle, le plus grand télescope du monde est assemblé dans le désert d'Atacama, au Chili. L'observation du cosmos nous renseigne en effet sur ses origines car le Big Bang a laissé des traces dans le ciel. Une fois installé, en 2024, cet instrument sera « le plus grand œil braqué sur le ciel » selon les termes du journal *Le Monde* (14 mai 2018). Son miroir principal fait trente-neuf mètres de diamètre ! « Il révolutionnera notre perception de l'univers, bien plus que ne le fit Galilée[2] il y a quatre cents ans quand il pointa pour la première fois un télescope vers le ciel », affirment les membres de l'Observatoire européen austral qui le construit. Les astrophysiciens[3] qui utiliseront

---

1. *Accélérateur de particules* : immense machine en forme de tube, longue de 27 kilomètres, avec laquelle des scientifiques européens essaient de recréer les conditions du Big Bang.
2. *Galilée* (1564-1642) est un mathématicien, physicien et astronome italien. Comme le savant polonais Nicolas Copernic, qui a vécu avant lui, Galilée affirme que la Terre tourne autour du Soleil, mais l'Église catholique le force à nier cette affirmation.
3. *Astrophysiciens* : scientifiques étudiant les objets de l'univers (étoiles, planètes, galaxies...).

cette machine, cent millions de fois plus puissante qu'un œil humain, espèrent eux aussi percer le mystère des origines de l'univers.

L'origine de la vie est également une question essentielle que se posent les scientifiques. C'est le savant anglais Charles Darwin[1] qui a bouleversé nos connaissances sur ce sujet : on parle désormais d'évolution et non plus de création. Nous savons maintenant que la vie est née dans les océans il y a 3,8 milliards d'années, dans de minuscules organismes qui, au terme d'une extraordinaire évolution, ont abouti à l'apparition de notre propre espèce : *Homo sapiens*.

Pour terminer notre voyage, retournons dans le premier pays visité : le Maroc. C'est là que furent découverts en 2017 des os fossiles et des outils qui attestent qu'*Homo sapiens* a vécu dans ce pays il y a trois cent mille ans. Malgré son grand âge, *Homo sapiens* est bien jeune, comparé à nos premiers ancêtres connus, comme Toumaï, découvert au Tchad et vieux de sept millions d'années ! Les recherches en paléoanthropologie[2] continuent d'éclairer l'histoire de nos origines.

Ainsi, par-delà les continents, les siècles et les millénaires, les humains se posent inlassablement la question

1. *Charles Darwin* (1809-1882) est un des plus célèbres savants anglais. Il a expliqué les origines des humains par sa « théorie de l'évolution » qui s'oppose au « créationnisme », selon lequel Dieu a créé le monde et l'homme à partir de rien.
2. *Paléoanthropologie* : science qui étudie l'évolution de l'homme.

de leurs origines. Tous les récits qui tentent d'y répondre nourrissent et enrichissent notre imagination, nos croyances et nos savoirs. Depuis le scribe égyptien jusqu'à l'astrophysicien, les connaissances humaines ont grandi autant que l'univers en expansion [1] et continuent, comme lui, de grandir, apportant des réponses de plus en plus précises à nos éternelles interrogations. Mais les origines de notre monde et de la vie gardent encore une part de mystère : qui sait quand il sera percé ?

1. *En expansion* : qui grandit.

Note sur la présente édition

Les textes de ce recueil ont pour but de rendre compte de la variété des récits de création à travers les époques, les continents et les religions.

Une première partie présente les mythes des origines de l'Antiquité égyptienne, mésopotamienne, grecque et romaine. La deuxième partie est consacrée aux grandes religions monothéistes et à leurs textes sacrés. Des contes de différents pays témoignent, dans la troisième partie, de la richesse imaginative des hommes pour décrire la création du monde. La parole étant souvent associée à l'acte créatif, une quatrième partie traite du rapport entre langue et création. La destruction du monde fait l'objet de la cinquième partie avec les récits du Déluge. Enfin, la dernière partie regroupe des poèmes qui célèbrent le monde et le pouvoir créateur des mots.

Le Dossier en fin de volume propose des questions de lecture et deux groupements de textes : l'un concerne l'approche scientifique de la naissance du monde (au sujet du Big Bang et des théories de Charles Darwin) ; l'autre la science-fiction (avec des extraits de *2001, l'Odyssée de l'espace* d'Arthur C. Clarke, de *La Route* de Cormac McCarthy et de *Frankenstein* de Mary Shelley). Pour terminer est proposée l'étude d'un film : *La Prophétie des grenouilles* (de Jacques-Rémy Girerd).

N.B. : les passages figurant entre crochets et en italiques signalent des résumés ajoutés pour cette édition. Certains textes, notés dans les sources comme des adaptations, ont été simplifiés et les marques de coupe délibérément supprimées.

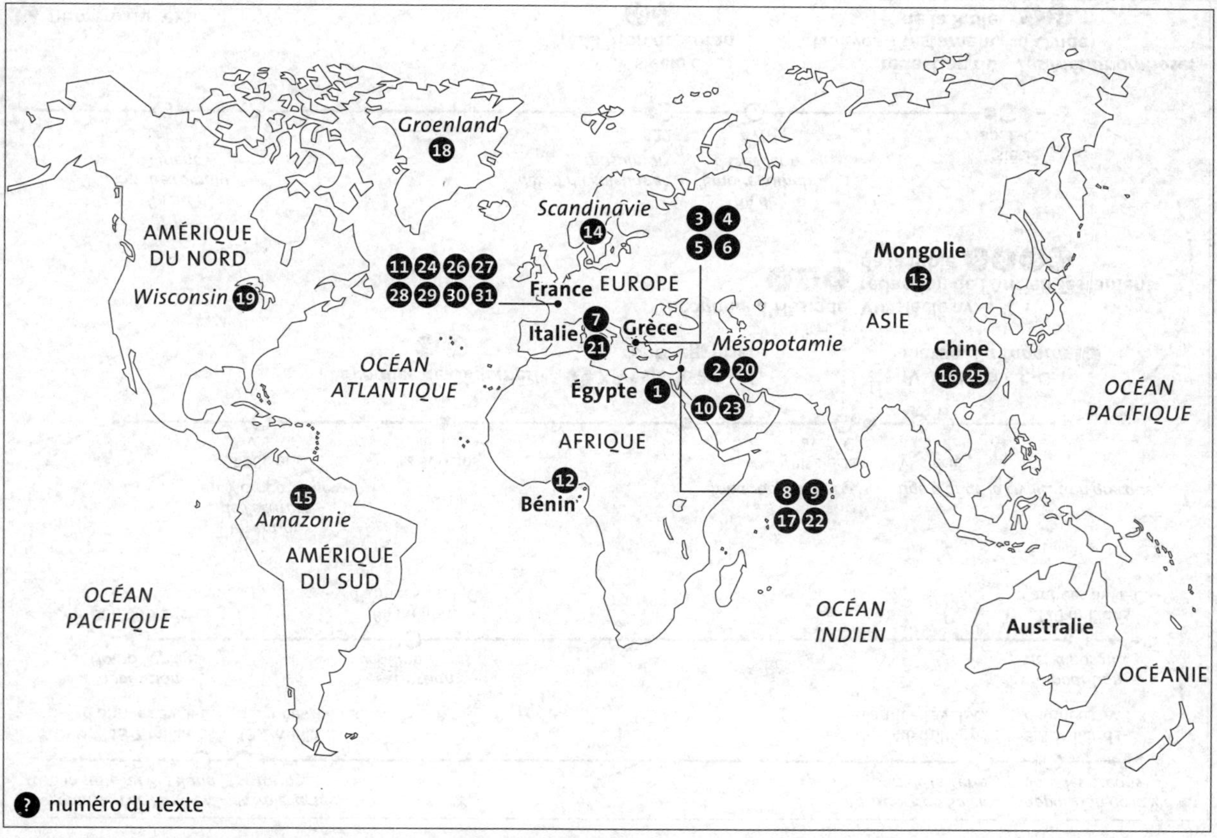

■ Carte des récits de création.

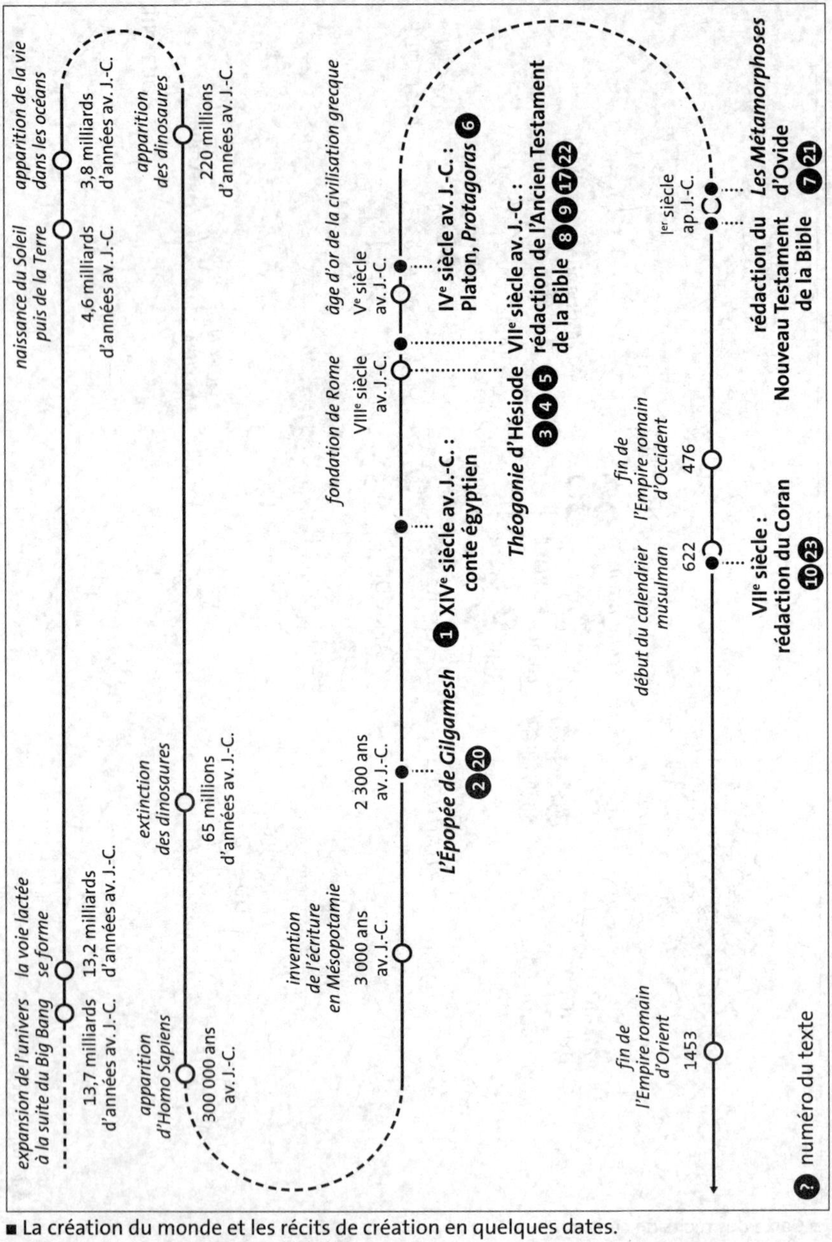

■ La création du monde et les récits de création en quelques dates.

La Création du monde

■ Fragment de l'*Ara Pacis Augustae* (autel de la Paix d'Auguste, vers 13-9 av. J.-C.), Rome (Italie).

Tellus, l'équivalent de Gaia (en grec), est une déesse mythologique symbolisant la Terre. Sur ce bas-relief en marbre elle est entourée de deux nymphes représentant le souffle du vent et la fertilité. Les quatre éléments sont représentés : air (oiseaux, vents), eau (vagues), terre (céréales, bêtes), feu (dragon).

I. Mythologies et création

Dans l'Antiquité, les hommes cherchaient déjà à comprendre le monde et à raconter sa naissance. À cette époque, ils croyaient en plusieurs divinités, qui étaient souvent des éléments naturels, tels la terre, le ciel, les flots, les vents ; tout ce qui compose l'univers était en effet considéré comme divin. Les récits qui racontent les aventures de ces divinités et tentent d'expliquer le monde forment, pour chaque civilisation, une **mythologie**, qui fut tout d'abord transmise à l'oral puis à l'écrit.

Parmi les plus anciennes histoires se trouvent celles de l'**Égypte ancienne**. Certaines d'entre elles, gravées sur les tombes des pharaons, chantent la gloire de Rê, le dieu-soleil, créateur de l'univers (**texte 1**).

Plus à l'est, en **Mésopotamie** (voir carte, p. 23), au IIe millénaire avant notre ère, on raconte que les dieux ont façonné les hommes à partir de terre mêlée à leur salive (**texte 2**).

Quelques siècles plus tard, c'est en **Grèce** que le poète Hésiode (contemporain d'Homère[1]) compose sa *Théogonie*, qui décrit la naissance des dieux et donc de l'univers. On y apprend que le monde vient d'un gouffre immense et

1. ***Homère*** : auteur grec du VIIIe siècle avant J.-C., célèbre pour avoir écrit l'*Iliade* et l'*Odyssée*.

sombre : le divin Chaos ; ensuite naissent d'autres divinités, dont la Terre et le Ciel (**texte 3**). Mais ces dieux ne sont pas tous bienveillants : la Terre, par exemple, donne naissance à de terribles monstres (**texte 4**). Quant à la première femme, elle est créée par Zeus... pour punir les hommes (**texte 5**). C'est un autre auteur grec, Platon, qui raconte comment deux Titans[1] participent à la création des animaux et des humains (**texte 6**).

À Rome, au Iᵉʳ siècle de notre ère, *Les Métamorphoses*[2] du poète latin Ovide reprennent les mythes grecs et font surgir du même Chaos un univers qui s'organise et va vers sa perfection (**texte 7**).

Texte 1 : Conte de l'Égypte ancienne

Ce récit de création égyptien fut gravé sur les tombes des pharaons de la vallée des rois à Thèbes[3] au deuxième millénaire avant J.-C. Pour les Égyptiens, du sombre océan des origines (le Noun) a surgi Rê, dieu créateur et dieu de la Lumière solaire. C'est à lui que le monde et les hommes doivent leur naissance.

[La création d'un nouvel univers]

En des temps très, très lointains, le dieu-soleil Rê, une fois mémorable[4], avait surgi, de par sa propre force, des

1. ***Titans*** : voir note 1, p. 13.
2. ***Métamorphoses*** : voir note 4, p. 13.
3. ***Thèbes*** : ville de l'Égypte ancienne (aujourd'hui Louxor). La vallée des rois qui s'y trouve abrite les tombeaux de nombreux pharaons.
4. ***Mémorable*** : inoubliable, remarquable.

eaux de l'Océan primordial, vaste étendue liquide qui recouvrait le Chaos initial, masse inorganique[1] sans vie et sans lumière, noyée dans les eaux d'un océan sans limites. Rê illumina d'abord de ses rayons cet univers informel[2] ; puis il créa la terre, longue étendue plate, qu'il parcourait chaque jour de l'est à l'ouest ; il amena ensuite à l'existence les dieux, les hommes, les animaux et les plantes, tous vivant ensemble sur le sol nouveau et constituant un tout unique. Les fleuves parcouraient la Terre, les collines et les vallées la rendaient diverse et attrayante[3]. La vie, créée par Rê, se poursuivit ainsi longtemps. [...]

[Les hommes s'étant révoltés contre les dieux, Rê envoie sur terre la déesse Hator qui massacre une grande partie des rebelles.]

[Rê] ressentait une grande fatigue ; ses membres étaient faibles pour la première fois, il ne marchait plus à grands pas lorsqu'on cherchait à l'atteindre. Il dit à ses compagnons divins : « Mon cœur est las, très las, de demeurer avec les hommes ; j'ai pensé les tuer, mais je ne l'ai pas fait ; leur petit nombre désormais ne m'intéresse plus. J'ai toujours pouvoir sur ce que je désire, aussi je voudrais maintenant résider loin de la terre, dans les espaces supérieurs, pour surveiller ma création et chaque jour entretenir sa vie. » Il appela sa fille, la déesse Nout, et lui dit : « Ô toi ma fille Nout, place-moi sur ton dos. » Celle-ci, d'abord embarrassée par cette requête, finit par se transformer en

1. ***Inorganique*** : qui ne provient ni d'un animal ni d'un végétal.
2. ***Informel*** : sans forme.
3. ***Attrayante*** : plaisante, agréable.

vache et la Majesté de Rê put monter sur elle aisément. Il dit alors à Nout : « Élève-moi, éloigne-moi des hommes, mène-moi haut dans l'empyrée [1], afin, cependant, que l'on me voie encore de la terre. » À ce moment, Nout se mit à trembler grandement, à cause de la vertigineuse hauteur où elle était parvenue. Rê, pour la soutenir, fit alors placer quatre génies auprès d'elle, chacun soutenant l'une de ses pattes ; puis il demanda à son fils Shou, le dieu de l'Air, de soutenir le ventre de l'animal divin de ses deux bras haut levés, dans un geste qui sera plus tard celui d'Atlas [2] maintenant le monde. Ainsi se matérialisa une nouvelle vision de l'univers : le dos d'une vache sacrée, dressée sur ses pattes, marquait la limite du ciel supérieur, que l'air séparait de la terre plate ; pour faciliter son voyage quotidien, Rê fit venir un fleuve analogue [3] au Nil de la terre sur le dos de Nout, un fleuve qu'il pourrait, sans fatigue, parcourir dans sa barque divine, d'est en ouest, chaque jour ; achevant encore son œuvre, dans un souci de symétrie et d'harmonie, il créa un fleuve souterrain coulant sur un ciel inférieur (réplique exacte mais inversée de celui du ciel dominant la terre), qui lui permettra de naviguer d'ouest en est, sur une autre embarcation, durant la nuit du pays des hommes vivants.

Le lumineux voyage divin se poursuivait ainsi, dans les deux navires sacrés, d'un horizon à l'autre, en une aventure éternellement renouvelée, qui évita la lassitude que le dieu avait éprouvée quand il était sur la terre, cela selon un

---

1. ***Empyrée*** : la plus haute partie des cieux.
2. ***Atlas*** : ici, géant de la mythologie grecque, qui porte le ciel sur ses épaules.
3. ***Analogue*** : semblable.

rythme éternel et infini. Au temps de l'aube, à la frontière de l'horizon du Levant[1], les deux portes de la barque de la nuit s'ouvraient, tandis que se déployaient les vantaux[2] de la barque du jour. Rê passait alors d'une embarcation à l'autre, tandis qu'un frémissement parcourait l'univers qu'il avait créé ; il apparaissait, radieux, son équipage divin l'accompagnant ; il se dressait dans sa cabine, grand être d'or ; il goûtait les douces et fraîches brises venues du nord ; il percevait la liesse[3] des hommes, des divinités et de la nature entière. Il est le maître de la vie et du plaisir de chaque jour. [...] Rê avait-il la nostalgie de la Terre qu'il avait quittée ? Le temps du soir étant venu, le soleil disparaissait aux yeux du monde terrestre dans l'horizon du Ponant[4], s'embarquant dans le navire de la nuit ; c'est le temps d'une aube nouvelle pour le pays souterrain : les morts se pressent sur les rives du fleuve, devant cette lumière qui passe et chasse les ténèbres ; leurs yeux sont déclos[5] et leurs cœurs s'exaltent[6] ; Rê repousse leurs peines et donne un instant, à tous, les brises de la vie.

Afin que les hommes de la Terre ne se rebellassent plus et qu'ils ne demeurassent pas, la nuit, dans les ténèbres les plus obscures – la nuit est propice aux complots –, Rê fit, un jour, appeler le dieu Thoth et lui dit : « Vois, ma place est désormais dans le ciel. Toi, tu veilleras à l'ordre de la Terre, parmi ceux qui ont fomenté[7] une rébellion ; tu seras

---

1. ***Levant*** : là où le soleil se lève (à l'est, donc).
2. ***Vantaux*** : portes, battants de porte.
3. ***Liesse*** : joie.
4. ***Du Ponant*** : de l'ouest.
5. ***Déclos*** : ouverts.
6. ***S'exaltent*** : s'enthousiasment, se gonflent de joie.
7. ***Ont fomenté*** : ont préparé.

là-bas mon vicaire[1]. Je vais faire en sorte, aussi, que tu illumines les deux ciels de la beauté et de ta blancheur», et Thoth devint le dieu-lune, qui, dans la nuit des déserts, permettait aux Bédouins[2] et aux nomades de reconnaître les pistes empruntées par les caravanes. Cependant, sur le ventre de Nout, des myriades[3] d'étoiles se mirent à scintiller, telle une grande fresque lumineuse.

Rê avait créé un nouvel univers, plus vaste, plus diversifié et plus propice à la vie que l'ancien.

Claire Lalouette, *Contes et récits de l'Égypte ancienne*, Flammarion, coll. « Champs », 1995.

Texte 2 : *L'Épopée de Gilgamesh*

L'Épopée[4] *de Gilgamesh* est la plus ancienne légende écrite connue à ce jour. Ce long poème épique[5] est composé de plus de trois mille vers. Cette légende a été transcrite en écriture cunéiforme[6] sur des tablettes d'argile, aux alentours de 2300 avant notre ère.

Elle raconte les exploits et la vie de Gilgamesh, cruel roi de la ville d'Ouruk, vers 2600 avant notre ère. Pour contrôler ce roi orgueilleux et violent, les dieux décident de façonner un

1. ***Vicaire*** : ici, représentant, remplaçant.
2. ***Bédouins*** : personnes arabes qui vivent dans le désert en nomades (sans habitation fixe).
3. ***Des myriades*** : un très grand nombre, beaucoup.
4. ***Épopée*** : voir note 4, p. 11.
5. ***Épique*** : qui relate les aventures et les exploits d'un héros ; propre à l'épopée.
6. ***Cunéiforme*** : voir note 2, p. 12.

être qui sera son rival. Deux divinités sont chargées de cette tâche : Éa, le dieu des eaux douces (sources de toute connaissance), et Arourou, la grande déesse-mère.
Ce texte montre comment les Mésopotamiens imaginaient la création des humains.

[La création d'un homme]

Éa, sans attendre, creuse, comme s'il ouvrait un fossé dans le sol, puis crache dans la terre et commence à pétrir[1].

Jadis, pour la première fournée[2] d'hommes, il avait fallu tuer un dieu et incorporer à l'argile sa chair et son sang. Pour ce nouvel être, la salive suffit. Elle est le levain qui fera gonfler sa pâte.

Arourou chantonne pendant qu'Éa malaxe. Son chant s'étend sur la steppe[3] comme une tente, étouffe tous les bruits, endort chaque être animé. Les dieux sont seuls, ils créent.

Lorsque du matériau monte une vapeur, Arourou prend la relève d'Éa. Elle modèle la créature et lui donne sa forme. Après quoi, elle cueille un rameau[4] de tamaris[5] et fouette le pâton inerte[6] pour y éveiller la vie, puis elle rejoint Éa et tous deux observent à l'écart.

[...]

Dans le grand corps immobile, la vie commence à chauffer. La terre croûte en surface. Des écailles sèches

1. ***Pétrir*** : mélanger en pressant.
2. ***Fournée*** : ensemble des pains dans un four. Ici, les dieux fabriquent des hommes comme s'ils préparaient des pains.
3. ***Steppe*** : plaine couverte d'herbe rase.
4. ***Rameau*** : branche.
5. ***Tamaris*** : petit arbre à fleurs roses.
6. ***Pâton inerte*** : morceau de pâte qui ne bouge pas.

tombent. Une peau grenue[1] apparaît sous la gangue[2]. La poitrine frémit. Le souffle circule, cherche la narine.

Arourou et Éa se regardent. Leur créature est achevée et il est temps, pour eux, de quitter les lieux. Pendant qu'ils s'éloignent, le mystère se défait, la steppe retrouve sa mouvance[3] et le nouvel être s'accroupit en grognant. Il hume le vent, se dresse sur ses jambes, fait claquer ses mâchoires.

Le sillage[4] des dieux ne s'est pas encore refermé. Satisfaits de leur ouvrage, ils échangent, de créateur à créateur, leurs pensées intimes.

« Nous l'avons descendu du ciel pour qu'il accomplisse notre plan, confie Arourou. La terre, dorénavant, n'est plus tout à fait la même.

Quelque chose va changer, en effet. La créature est encore dans la nuit, mais elle connaîtra le jour. Enkidou… »

L'être entend ces sons. Une ombre passe dans son regard. Il ne peut ni savoir, ni comprendre. Il n'est qu'au premier matin de sa vie et sa mémoire est vide, mais il aime ces harmonies[5] portées par le vent. Il ouvre la bouche et souffle à son tour, en modulant[6] le son.

« Ou… ou… ou… »

Il s'étonne du bruit qu'il produit. Il s'interrompt, reprend, crie. Il est ému par ce pouvoir qui gonfle sa poitrine. Il soulève un pied, puis l'autre. C'est sa première joie. Il sent la résistance du sol, frappe pour l'éprouver,

---

1. ***Grenue*** : qui présente de petits grains.
2. ***Gangue*** : ce qui enveloppe (ici, la croûte de terre cuite).
3. ***Sa mouvance*** : son mouvement.
4. ***Le sillage*** : la trace.
5. ***Harmonies*** : ici, sons agréables.
6. ***En modulant*** : en variant.

avance en se déhanchant[1] et accomplit ainsi ses premiers pas, à la manière d'une danse.

Enkidou est né et le jour passe sur lui, chargé d'émotions inconnues.

Jacques Cassabois, *Le Premier Roi du monde. L'Épopée de Gilgamesh*,

---

Texte 3 : Hésiode, *Théogonie* (les premiers dieux)

Hésiode est un poète grec de la fin du VIIIe siècle avant notre ère. Il raconte la naissance du monde et des dieux dans la *Théogonie* (de *theos*, « dieu », et *gonos*, « action de créer »), récit qui fixe la mythologie grecque.
Certaines divinités y ont une apparence humaine, comme Zeus[2] et les dieux de l'Olympe ; d'autres sont des éléments naturels, comme la terre (Gaia), le ciel (Ouranos), les fleuves, les montagnes... Le premier de ces éléments est le Chaos, un gouffre sans fond et sans lumière.

[Le Chaos initial]

L'Abîme[3] (Chaos) fut en vérité le tout premier à naître ; ensuite ce fut le tour de la Terre à la large poitrine, demeure éternelle et solide de tous les Immortels qui occupent les sommets de l'Olympe neigeux et les profondeurs

---

1. ***En se déhanchant*** : en se balançant d'un côté à l'autre, en bougeant les hanches.
2. ***Zeus*** : voir note 2, p. 13.
3. ***Abîme*** : voir note 5, p. 13.

brumeuses du Tartare[1], au fond de la Terre aux larges routes. Puis vint l'Amour, le plus beau de tous les dieux immortels, qui affaiblit le corps et commande, dans les poitrines, au cœur et à la sage volonté de tous les dieux et de tous les humains.

De l'Abîme naquirent les Ténèbres[2] des Enfers et la Nuit noire qui, ensemble, enfantèrent l'Air supérieur et le Jour[3].

Quant à la Terre, elle donna premièrement naissance au Ciel étoilé, son égal, afin qu'il l'enveloppât tout entière et qu'elle fût pour les dieux bienheureux une demeure toujours sûre. Elle enfanta aussi les Hautes Montagnes, charmantes demeures des nymphes[4] divines qui habitent en haut des monts aux profondes vallées. De la Terre seule naquirent encore les Flots marins, haute mer stérile[5] qui bondit avec ses vagues gonflées. Enfin, sortant du lit du Ciel, la Terre donna naissance au fleuve Océan[6] aux profonds tourbillons.

[La Terre enfanta aussi cinq Titans[7] (dont Cronos[8], le plus terrible) et leurs sœurs, les six Titanides.]

---

1. ***Tartare*** : endroit souterrain, le plus profond des Enfers.
2. ***Ténèbres*** : endroit le plus sombre des Enfers, nommé l'Érèbe.
3. Toutes ces parties de l'univers sont des divinités, qui ont donc des amours, des enfants…
4. ***Nymphes*** : dans la mythologie grecque, les nymphes sont des divinités féminines associées à la nature.
5. ***Stérile*** : qui ne produit rien (contrairement à la Terre, qui est « fertile »).
6. Pour les Grecs anciens, Océan est un fleuve qui entoure la Terre, alors imaginée comme plate. Océan est un Titan (voir note 1, p. 13).
7. ***Titans*** : voir note 1, p. 13.
8. ***Cronos*** : l'un des Titans, maître du monde avant Zeus.

[Fleuves, astres et vents]

[Les Titans eurent de nombreux descendants qui contribuèrent à la création du monde.]

Téthys [1] donna comme enfants à Océan les fleuves tourbillonnants. Elle enfanta aussi la lignée [2] sacrée des Jeunes Filles qui, par toute la Terre, font grandir les garçons avec Apollon tout-puissant et les fleuves [3]. Elles sont en effet trois mille les Océanides aux fines chevilles [4] qui, enfants splendides parmi les déesses, se dispersent pour parcourir en tous sens la Terre et les profondeurs de la mer.

Aussi nombreux sont les autres enfants, les fleuves qui coulent dans un fracas retentissant, les fils d'Océan, qu'enfanta Téthys la souveraine.

Quant à la divine Théia [5], soumise à l'amour d'Hypérion [6], elle donna naissance au grand Soleil, à la brillante Lune et à l'Aurore, qui donne sa lumière à tous les habitants de la Terre ainsi qu'aux dieux immortels qui peuplent le vaste Ciel.

---

1. *Téthys* : Titanide (à ne pas confondre avec la déesse marine Thétis, mère d'Achille).

2. *Lignée* : ensemble des descendants (enfants, petits-enfants, etc.) d'une personne.

3. Les dieux-fleuves incarnent la force de la vie et Apollon est associé à la croissance des jeunes gens.

4. *Aux fines chevilles* : le poète grec Homère a beaucoup utilisé cette façon de qualifier un être (ou une chose), en associant à son nom un adjectif ou un groupe nominal. On nomme ces expressions des « formules homériques ». Ulysse est par exemple « Ulysse aux mille ruses » ou « le divin Ulysse ».

5. *Théia* : l'une des Titanides.

6. *Hypérion* : l'un des Titans.

À Astræos[1], l'Aurore donna comme enfants les vents au souffle puissant : Zéphyr qui éclaircit le ciel, Borée à la course rapide et Notos[2]. Après ceux-là, cette fille du matin donna naissance à l'astre qui amène l'aube[3] et aux constellations brillantes dont le Ciel se couronne.

Hésiode, *Théogonie*, © Catherine Klein pour l'adaptation et la traduction, v. 116-133, v. 337-382.

Texte 4 : Hésiode, *Théogonie* (les monstrueux descendants de la Terre)

Hésiode raconte que la Terre a donné naissance à de terribles monstres. Ces monstres représentent le désordre du monde à ses origines, avant que Zeus[4] et les dieux de l'Olympe, aidés de héros, n'instaurent la paix et l'harmonie[5].

[La naissance des monstres]

La Terre fut aussi la mère des Cyclopes[6] au cœur violent, qui donnèrent à Zeus le tonnerre et lui fabriquèrent la foudre.

D'autres encore naquirent du Ciel et de la Terre, trois grands fils vigoureux dont il ne faut pas prononcer le nom, enfants pleins d'orgueil. Cent bras[7] jaillissaient de leurs

1. ***Astræos*** : fils d'un Titan.
2. ***Zéphyr, Borée et Notos*** : vents d'ouest, du nord et du sud.
3. ***L'astre qui amène l'aube*** : il s'agit de l'étoile du berger (Vénus).
4. ***Zeus*** : voir note 2, p. 13.
5. ***Harmonie*** : ici, bonne organisation.
6. ***Cyclopes*** : géants qui n'ont qu'un œil.
7. ***Cent bras*** : il s'agit des Hécatonchires (du grec *hécaton*, « cent », et *chires*, « mains », « bras »).

épaules – on ne peut les représenter – et à chacun, cinquante têtes avaient poussé sur leur robuste corps. Une force terrible et violente s'ajoutait à leur grande stature.

Tous les descendants de la Terre et du Ciel, les plus terribles des enfants, étaient odieux à leur père, depuis leur naissance.

[Les monstres continuent à peupler la Terre. Ainsi, Cétô, fille de la Terre et des flots marins, enfante de nombreux monstres issus de son union avec son propre frère, Phorcys.]

Cétô, unie à Phorcys, enfanta de vieilles femmes aux belles joues, aux cheveux grisonnants dès leur naissance; les dieux immortels et les hommes qui marchent sur la Terre les appellent les Grées[1].

Elle donna aussi naissance aux Gorgones qui habitent au-delà de l'illustre Océan[2], aux extrémités du monde, du côté de la Nuit, là où vivent les nymphes[3] du soir à la voix claire. Leur nom est Sthennô, Euryalè et Méduse au malheureux destin. Celle-là était mortelle, alors que les deux autres ignoraient la mort et la vieillesse; mais auprès de Méduse seule se coucha le dieu à la sombre chevelure[4], dans une douce prairie au milieu des fleurs printanières. Quand Persée trancha le cou de cette Gorgone, le grand Chrysaor[5] et le cheval Pégase[6] s'élancèrent à sa suite.

---

1. ***Grées*** : ces trois vieilles femmes n'ont à elles trois qu'une dent et qu'un œil, qu'elles se prêtent à tour de rôle.
2. ***Océan*** : voir note 6, p. 36.
3. ***Nymphes*** : voir note 4, p. 36.
4. ***Le dieu à la sombre chevelure*** : il s'agit de Poséidon (dieu de la Mer et des Océans).
5. ***Chrysaor*** : l'homme à l'épée d'or.
6. ***Pégase*** : Méduse était enceinte de Poséidon. Chrysaor et Pégase sont les enfants de cette union.

Cétô enfanta aussi un autre monstre, énorme et prodigieux, qui ne ressemblait en rien aux hommes mortels ni aux dieux immortels : au creux de sa grotte, dans les profondeurs de la Terre divine, vit la divine Echidna au cœur violent, pour moitié une nymphe aux yeux vifs et aux belles joues, et pour moitié un grand et terrible serpent, d'une longueur prodigieuse, tacheté et mangeur de chair crue.

On dit que c'est à Échidna que se lia par des relations d'amour Typhon [1], le terrible, le violent, le hors-la-loi, uni à la jeune fille aux yeux vifs ; celle-là, enceinte, mit au monde des enfants au cœur violent.

En premier, elle enfanta Orthos, le chien de Géryon [2]. En deuxième, elle donna naissance à l'être prodigieux dont on ne peut parler, Cerbère, le mangeur de chair crue, le chien à la voix de bronze d'Hadès [3]. Doté de cinquante têtes, il est irrespectueux et puissant. En troisième, elle donna le jour à l'Hydre de Lerne [4], experte en malheurs, nourrie par la déesse aux bras blancs, Héra [5], dans sa terrible rancune contre Héraclès [6] le fort.

---

1. ***Typhon*** : fils de Gaia, la Terre, et de Tartare, l'endroit le plus profond des Enfers.

2. ***Géryon*** : géant au corps triple à partir de la taille (il a trois troncs, trois têtes et six bras).

3. ***Hadès*** : dieu des Enfers.

4. ***Hydre de Lerne*** : monstre aquatique, vivant dans le marais de Lerne. Le tuer fut l'un des douze travaux d'Héraclès (voir note 6 ci-dessous).

5. ***Héra*** : épouse de Zeus, qui détestait Héraclès, l'enfant que son mari avait eu avec une femme mortelle.

6. ***Héraclès*** : héros de la mythologie grecque qui vécut de nombreuses aventures, dont les douze épreuves qui l'obligèrent à affronter des monstres pour racheter des crimes qu'il avait commis (les « douze travaux »). Héraclès correspond à Hercule dans la mythologie romaine.

Ensuite Échidna mit au monde la Chimère qui soufflait un feu invincible. Redoutable, grande, rapide et robuste, elle avait trois têtes : l'une de lion aux yeux brillants, une autre de chèvre et la dernière de serpent, vigoureux dragon. Pégase et le courageux Bellérophon [1] triomphèrent de celle-là ; puis Échidna mit au monde la funeste Sphinx [2] ainsi que le lion de Némée [3], nourri par Héra, la glorieuse épouse de Zeus. Mais il fut tué par la force d'Héraclès le puissant.

Ensuite Cétô, unie d'amour avec Phorcys, enfanta le jeune et redoutable serpent qui, dans les profondeurs secrètes de la ténébreuse Terre, dans ses vastes extrémités, garde les pommes tout en or [4].

Ainsi sont les descendants de Cétô et de Phorcys.

Hésiode, *Théogonie*, © Catherine Klein pour l'adaptation et la traduction, v. 139-156, v. 270-336.

Texte 5 : Hésiode, *Théogonie* (la création de la femme)

Dans la *Théogonie*, Hésiode raconte comment le Titan [5] Prométhée suscite la colère de Zeus [6] en volant le feu aux dieux,

1. ***Bellérophon*** : héros.
2. ***Sphinx*** : monstre féminin qui tuait ceux qui ne pouvaient répondre à ses énigmes. Œdipe la vainquit.
3. ***Némée*** : plaine de Grèce. Tuer le lion de Némée fut l'un des travaux d'Héraclès.
4. ***Les pommes tout en or*** : les pommes du jardin des Hespérides (les nymphes du soir), dont la prise fut le dernier travail d'Héraclès.
5. ***Titan*** : voir note 1, p. 13.
6. ***Zeus*** : voir note 2, p. 13.

pour le remettre aux hommes. Furieux, Zeus décide de créer la première femme et d'envoyer aux hommes ce « cadeau empoisonné ». Hésiode décrit la fabrication de cet être ravissant. On trouve dans ce mythe très ancien les racines d'une vision misogyne [1] de la femme.

Dans d'autres versions de ce mythe, cette première femme se nomme Pandore (« celle qui a tous les dons » ou « qui est le don de tous les dieux »). Une fois installée parmi les hommes, elle ouvre, contre l'ordre des dieux, la jarre [2] contenant tous les malheurs du monde (accidents, maladies, deuils...), qui se répandent alors sur Terre.

[Et Zeus... créa la femme]

Le brave fils de Japet [3] trompa complètement Zeus : il dissimula dans une tige végétale la lueur de l'infatigable feu visible de loin [4], et il blessa ainsi profondément l'âme de Zeus qui gronde au sommet du ciel. Il mit le cœur de Zeus dans une colère noire, quand celui-ci vit chez les hommes l'éclat du feu que l'on voit de loin.

Aussitôt, Zeus fabriqua, en contrepartie du feu, un mal pour les hommes. En effet l'illustre Boiteux [5] façonna avec de la terre la représentation d'une respectable jeune fille, selon les volontés du Cronide [6]. Et Athéna [7], la déesse aux

1. ***Misogyne*** : qui montre du mépris ou de la haine envers les femmes.
2. ***Jarre*** : récipient en forme de grand vase pour conserver les aliments.
3. ***Fils de Japet*** : il s'agit de Prométhée.
4. Référence à l'épisode où Prométhée vole le feu aux dieux avant de le donner aux hommes.
5. ***L'illustre Boiteux*** : il s'agit d'Héphaïstos (dieu du Feu et de la Forge).
6. ***Cronide*** : il s'agit de Zeus, fils de Cronos (voir note 8, p. 36).
7. ***Athéna*** : déesse de la Guerre et de l'Artisanat (entre autres domaines).

yeux brillants, la para d'un vêtement ceinturé éclatant de blancheur. De ses mains, elle l'enveloppa d'un voile orné de broderies tombant de son front, merveille pour les yeux. Autour de sa tête, Pallas[1] Athéna disposa des couronnes tressées de fleurs cueillies dans la fraîche verdure ; puis elle déposa sur sa tête un diadème d'or que le Boiteux renommé cisela lui-même, l'ayant fabriqué avec habileté de ses propres mains, pour plaire à son père Zeus. Il avait façonné avec art de nombreux animaux sauvages en relief. Tous ces êtres terribles que la terre et la mer nourrissent étaient extraordinaires à voir ; il en disposa un grand nombre. Le souffle de la grâce enveloppait ces merveilles, semblables à des êtres doués de paroles.

Ensuite, quand Zeus eut créé ce beau mal, en contrepartie d'un bienfait[2], il conduisit, à l'endroit précis où se trouvaient les autres dieux et les hommes, la jeune fille, toute réjouie de sa parure, œuvre de la déesse aux yeux brillants, fille d'un père tout-puissant[3]. L'émerveillement saisissait les dieux immortels et les êtres mortels, à la vision de cette profonde ruse[4] contre laquelle les hommes ne peuvent rien. En effet, de cette jeune fille sont issues l'espèce pernicieuse[5] et la tribu[6] des femmes.

Hésiode, *Théogonie*, © Catherine Klein pour l'adaptation et la traduction, v. 565-591.

---

1. ***Pallas*** : surnom d'Athéna. Pallas, fille du dieu Triton, avait été élevée avec Athéna qui la tua accidentellement et garda son nom pour l'honorer.
2. ***Bienfait*** : il s'agit du feu donné aux hommes par Prométhée.
3. ***Fille d'un père tout-puissant*** : Athéna est la fille de Zeus.
4. ***Cette profonde ruse*** : il s'agit de la création des femmes.
5. ***Pernicieuse*** : nuisible, qui cause du mal.
6. ***Tribu*** : ici, groupe nombreux.

■ Texte 6 : Platon, *Protagoras*

Platon est un penseur majeur de l'Antiquité grecque, qui vécut entre 428 et 348 avant notre ère environ. Dans ce texte, Protagoras, qui a réellement existé, explique la façon dont les espèces animales et humaines ont été créées par les dieux, et perfectionnées par deux Titans[1] : Prométhée (« le prévoyant ») et Épiméthée (« celui qui réfléchit après »).
Mais l'humanité est menacée de disparition, jusqu'à ce que Zeus[2] donne aux hommes les qualités qui permettent de vivre en société.

[La création des animaux et des hommes]

Il fut jadis un temps où les dieux existaient, mais non les espèces mortelles. Quand le temps que le destin[3] avait fixé à leur création fut venu, les dieux les façonnèrent dans le creux de la Terre d'un mélange de terre et de feu et des éléments mêlés au feu et à la terre. Quand le moment de les amener à la lumière approcha, ils chargèrent Prométhée et Épiméthée de les pourvoir[4] et d'attribuer à chacun des qualités appropriées. Mais Épiméthée demanda à Prométhée de lui laisser faire seul le partage. « Quand je l'aurai fini, dit-il, tu viendras l'examiner. »

Sa demande accordée, il fit le partage, et, en le faisant, il attribua aux uns la force sans la vitesse, aux autres la vitesse sans la force ; il donna des armes à ceux-ci, les

---

1. ***Titans*** : voir note 1, p. 13.
2. ***Zeus*** : voir note 2, p. 13.
3. ***Destin*** : ici, puissance supérieure aux dieux, décidant les événements.
4. ***Les pourvoir*** : leur attribuer des qualités.

refusa à ceux-là, mais il imagina pour eux d'autres moyens de conservation[1] ; car à ceux d'entre eux qu'il logeait dans un corps de petite taille, il donna des ailes pour fuir ou un refuge souterrain ; pour ceux qui avaient l'avantage d'une grande taille, leur grandeur suffit à les conserver, et il distribua les autres qualités dans ce souci d'égalité. Ces mesures de précaution étaient destinées à empêcher la disparition des races[2].

Mais quand il leur eut fourni les moyens d'échapper à une destruction mutuelle, il voulut les aider à supporter les saisons de Zeus ; il imagina pour cela de les revêtir de poils épais et de peaux serrées, suffisantes pour les garantir[3] du froid, capables aussi de les protéger contre la chaleur et destinées enfin à servir, pour le temps du sommeil, de couvertures naturelles, propres à chacun d'eux ; il leur donna en outre[4] comme chaussures, soit des sabots de corne, soit des peaux calleuses[5] et dépourvues de sang ; ensuite il leur fournit des aliments variés suivant les espèces, aux uns l'herbe du sol, aux autres les fruits des arbres, aux autres des racines ; à quelques-uns même il donna d'autres animaux à manger ; mais il limita leur possibilité d'avoir des petits et multiplia celle de leurs victimes, pour assurer la conservation de la race.

Cependant Épiméthée, qui n'était pas très réfléchi, avait, sans y prendre garde, dépensé pour les animaux toutes les facultés[6] dont il disposait et il lui restait la race

---

1. ***Conservation*** : survie, protection.
2. ***Des races*** : des espèces.
3. ***Garantir*** : préserver.
4. ***En outre*** : en plus.
5. ***Calleuses*** : dures.
6. ***Facultés*** : pouvoirs, qualités.

humaine à pourvoir, et il ne savait que faire. Dans cet embarras, Prométhée vient pour examiner le partage ; il voit les animaux bien pourvus de qualités, mais l'homme nu, sans chaussures, ni couverture, ni armes, et le jour fixé approchait où il fallait l'amener de l'intérieur de la Terre à la lumière. Alors Prométhée, ne sachant qu'imaginer pour donner à l'homme le moyen de se conserver, vole à Héphaïstos[1] et à Athéna[2], avec le feu, l'habileté dans leurs savoir-faire qui, sans le feu, était impossible et inutile ; et il en fait présent à l'homme. L'homme eut ainsi l'habileté propre à conserver sa vie.

[…] [Ensuite] il eut bientôt fait, grâce à la science qu'il avait, de prononcer des sons et de former les noms des choses, d'inventer les maisons, les habits, les chaussures, les lits, et de tirer les aliments du sol. Avec ces ressources, les hommes, à l'origine, vivaient isolés, et les villes n'existaient pas ; aussi périssaient-ils sous les coups des bêtes fauves, toujours plus fortes qu'eux ; le savoir-faire propre à leurs métiers suffisait à les faire vivre ; mais il était d'un secours insuffisant dans la guerre contre les bêtes ; car ils ne possédaient pas encore la science politique[3] dont l'art militaire fait partie.

[…] Alors Zeus, craignant que notre race ne fût anéantie, envoya Hermès[4] porter aux hommes le respect et la justice, pour servir de règles aux cités et unir les hommes par les liens de l'amitié. Hermès alors demanda à Zeus de

---

1. ***Héphaïstos*** : voir note 5, p. 42.
2. ***Athéna*** : voir note 7, p. 42.
3. ***Politique*** : qui concerne les lois de la vie en société dans la cité (*polis*, en grec).
4. ***Hermès*** : messager des dieux et interprète de leur volonté.

quelle manière il devait donner aux hommes la justice et le respect. « Dois-je les partager [...] entre tous ?

– Entre tous, répondit Zeus ; que tous y aient part, [...] établis en outre en mon nom cette loi, que tout homme incapable de respect et de justice sera exterminé comme un fléau[1] de la société. »

Platon, *Protagoras*, trad. Émile Chambry adaptée par Catherine Klein, GF-Flammarion, 2016, p. 52-54.

Texte 7 : Ovide, *Les Métamorphoses*

Le poète Ovide a vécu sous le règne florissant[2] du premier empereur romain Auguste, de 43 avant J.-C. à 17 après J.-C. Il a remporté de grands succès grâce à ses œuvres poétiques. Dans *Les Métamorphoses*[3], Ovide regroupe des centaines de mythes gréco-romains en un long poème de plus de douze mille vers. La création du monde est la première de ces métamorphoses. Comme le poète grec Hésiode (voir texte 3, p. 35), Ovide raconte qu'à l'origine régnait le chaos...

[Les origines du monde]

Avant la mer, la terre et le ciel qui recouvre tout, l'apparence de la nature était uniforme dans tout l'univers. C'est ce qu'on a appelé le chaos, masse brute[4] et sans ordre,

1. ***Fléau*** : ici, personne très nuisible.
2. ***Florissant*** : voir note 3, p. 12.
3. ***Métamorphoses*** : voir note 4, p. 13.
4. ***Brute*** : à l'état naturel, non transformée.

rien d'autre qu'un poids inerte[1] et un amas[2] d'éléments différents qui ne s'accordaient pas ensemble. […]

[Tous ces éléments désordonnés se combattent les uns les autres.]

Un dieu, et la nature en s'améliorant, mirent fin à ce conflit ; ce dieu sépara en effet la terre du ciel et l'eau de la terre, et mit à part l'air transparent du ciel[3] de l'air compact. Après avoir dégagé ces éléments et délivré cet amas obscur, le dieu assembla ces parties désunies en leur attribuant à chacune une place dans une paix harmonieuse[4]. […]

Ainsi, quand ce dieu – peu importe lequel – eut divisé et ordonné cet amas et fait de ces morceaux des parties bien séparées, tout d'abord, afin que l'ensemble ne présentât pas de parties inégales, il rassembla la terre sous la forme d'un grand disque ; puis il répandit les flots de la mer, leur ordonna de se gonfler sous l'action des vents rapides et de disposer des rivages tout autour de la terre. Il ajouta les sources, les immenses étangs, les lacs et borda les fleuves en pente de rives escarpées. […] Il ordonna également aux plaines de s'étendre, aux vallées de se creuser, aux forêts de se couvrir de feuillage, aux montagnes pierreuses[5] de s'élever. […]

À peine avait-il séparé tous les éléments par des limites bien nettes, que les étoiles, longtemps serrées et cachées

1. ***Inerte*** : immobile, sans vie.
2. ***Amas*** : grand ensemble d'éléments amassés (réunis).
3. ***L'air transparent du ciel*** : il s'agit de l'éther, l'air le plus pur, là où résident les dieux.
4. ***Harmonieuse*** : agréable et bien organisée.
5. ***Pierreuses*** : composées de pierres.

sous cette masse, commencèrent à bouillonner dans toute l'étendue du ciel. Et, pour qu'aucune région ne soit privée de ses propres êtres vivants, les astres et les figures des dieux peuplèrent l'étendue du ciel, les eaux acceptèrent d'être la demeure des poissons scintillants, la terre accueillit les bêtes sauvages et l'air léger les oiseaux.

[La création des hommes]

Il manquait encore un être plus pur que ces bêtes, doué d'une intelligence plus grande et capable de dominer tous les autres. L'homme naquit, soit que le créateur, cet auteur d'un monde meilleur, l'eût façonné d'une semence[1] divine [...], soit que le fils de Japet[2] eût modelé la terre mélangée aux eaux des fleuves, à l'image des dieux qui dirigent tout. Alors que tous les autres êtres vivants, penchés vers le sol, regardent la terre, il donna à l'homme un visage tourné vers le haut, il l'invita à contempler le ciel et à lever sa tête redressée vers les étoiles. Ainsi la terre, métamorphosée, naguère brute et impossible à représenter, se peupla des figures nouvelles des êtres humains.

Ovide, *Les Métamorphoses*,

Livre I, v. 5-88.

1. ***Semence*** : graine.
2. ***Fils de Japet*** : voir note 3, p. 42.

Source : British Library Add MS 22406

■ Page du Coran, volume I (vers 704-705).

L'existence de l'écriture arabe, qui se lit de droite à gauche, est attestée dès le IVe siècle. Sa diffusion est liée à l'islam, religion fondée sur le texte sacré du Coran, dicté par Dieu à son prophète Mahomet par l'intermédiaire de l'ange Gabriel, au VIIe siècle. Ces révélations ont été transmises oralement puis écrites sur divers matériaux (omoplates de chameaux, feuilles de palme...).

II. Religions et création

Les hommes de l'Antiquité croyaient en plusieurs dieux, leurs religions étaient polythéistes (du grec *poly*, « nombreux », et *théos*, « dieu »). Mais, pour les trois grandes religions monothéistes (du grec *mono*, « un seul ») que sont le judaïsme (religion des juifs), le christianisme (religion des chrétiens) et l'islam (religion des musulmans), un dieu unique et tout-puissant a créé l'univers et les êtres vivants.
Les textes sacrés de ces religions répondent aux mêmes questions essentielles que les mythes antiques. Le plus ancien de ces textes est l'Ancien Testament, il est reconnu par les juifs (qui le nomment *Miqra*), les chrétiens (qui sont seuls à reconnaître le Nouveau Testament) et partiellement par les musulmans. Sa composition remonte au VIIe siècle avant notre ère. Les deux Testaments forment la Bible (du grec *ta biblia*, « les livres »).
L'Ancien Testament (dont les juifs nomment le début *Torah*) commence par la Genèse : le récit de la création du monde et des êtres vivants par Dieu ou Yahvé (**texte 8**). La Genèse raconte également la naissance du premier homme (Adam) et de la première femme (Ève), que Dieu a installés au paradis terrestre avant de les en chasser (**texte 9**).
Le Coran est le livre sacré de l'islam. Il a été composé au VIIe siècle de notre ère et reproduit, pour les musulmans, la

parole divine, transmise par l'archange[1] Gabriel au prophète[2] Mahomet. Le Coran raconte la création du monde et des êtres vivants par Dieu ou Allah, mais de façon plus brève que l'Ancien Testament (**texte 10**).

Texte 8 : La Bible (la création du monde)

La Genèse est le premier récit de la Bible. Ce texte raconte la création du monde et des êtres vivants par Dieu. Dans la Genèse, certains éléments rappellent les mythes grecs et romains : par exemple, le gouffre ténébreux (qui peut faire penser au Chaos grec, voir texte 3, p. 35-38) à partir duquel Dieu organise la nature puis les animaux et enfin les hommes.

[La création du monde et des êtres vivants]

Au commencement, Dieu créa les cieux et la terre. La terre était informe[3] et vide : il y avait des ténèbres à la surface de l'abîme[4], et l'esprit de Dieu se mouvait[5] au-dessus des eaux.

Dieu dit : « Que la lumière soit ! » Et la lumière fut. Dieu vit que la lumière était bonne ; et Dieu sépara la lumière d'avec les ténèbres. Dieu appela la lumière « jour », et il

---

1. ***Archange*** : ange d'un ordre supérieur.
2. ***Prophète*** : personne inspirée par Dieu qui prédit l'avenir et révèle des vérités cachées.
3. ***Informe*** : sans forme.
4. ***Abîme*** : voir note 5, p. 13.
5. ***Se mouvait*** : bougeait.

appela les ténèbres « nuit ». Ainsi, il y eut un soir, et il y eut un matin : ce fut le premier jour.

Dieu dit : « Qu'il y ait une étendue entre les eaux, et qu'elle sépare les eaux d'avec les eaux. » Et Dieu fit l'étendue, et il sépara les eaux qui sont au-dessous de l'étendue d'avec les eaux qui sont au-dessus de l'étendue. Et cela fut ainsi. Dieu appela l'étendue « ciel ». Ainsi, il y eut un soir, et il y eut un matin : ce fut le deuxième jour.

Dieu dit : « Que les eaux qui sont au-dessous du ciel se rassemblent en un seul lieu, et que le sec paraisse. » Et cela fut ainsi. Dieu appela le sec « terre », et il appela l'amas[1] des eaux « mer ». Dieu vit que cela était bon. Puis Dieu dit : « Que la terre produise de la verdure, de l'herbe portant de la semence[2], des arbres fruitiers donnant du fruit selon leur espèce[3] et ayant en eux leur semence. » Et cela fut ainsi. La terre produisit de la verdure, de l'herbe portant de la semence selon son espèce, et des arbres donnant du fruit et ayant en eux leur semence selon leur espèce. Dieu vit que cela était bon. Ainsi, il y eut un soir, et il y eut un matin : ce fut le troisième jour.

Dieu dit : « Qu'il y ait des luminaires[4] dans l'étendue du ciel, pour séparer le jour d'avec la nuit : que ce soient des signes pour marquer les époques, les jours et les années ; et qu'ils servent de luminaires dans l'étendue du ciel, pour éclairer la terre. » Et cela fut ainsi. Dieu fit les deux grands luminaires, le plus grand luminaire pour présider au jour, et le plus petit luminaire pour présider à la

1. ***Amas*** : voir note 2, p. 48.

2. ***Semence*** : voir note 1, p. 49.

3. ***Selon leur espèce*** : les espèces n'étant pas mélangées.

4. ***Luminaires*** : astres lumineux (soleil, lune, étoiles).

nuit ; il fit aussi les étoiles. Dieu les plaça dans l'étendue du ciel, pour éclairer la terre, pour présider au jour et à la nuit, et pour séparer la lumière d'avec les ténèbres. Dieu vit que cela était bon. Ainsi, il y eut un soir, et il y eut un matin : ce fut le quatrième jour.

[La création des animaux]

Dieu dit : « Que les eaux produisent en abondance des animaux vivants, et que les oiseaux volent sur la terre vers l'étendue du ciel. » Dieu créa les grands poissons et tous les animaux vivants qui se meuvent[1], et que les eaux produisirent en abondance selon leur espèce ; il créa aussi tout oiseau ailé selon son espèce. Dieu vit que cela était bon. Dieu les bénit[2] en disant : « Soyez féconds[3], multipliez, et remplissez les eaux des mers ; et que les oiseaux multiplient sur la terre. » Ainsi, il y eut un soir, et il y eut un matin : ce fut le cinquième jour.

Dieu dit : « Que la terre produise des animaux vivants selon leur espèce, du bétail, des reptiles et des animaux terrestres, selon leur espèce. » Et cela fut ainsi. Dieu fit les animaux de la terre selon leur espèce, le bétail selon son espèce, et tous les reptiles de la terre selon leur espèce. Dieu vit que cela était bon.

---

1. ***Se meuvent*** : voir note 5, p. 52.
2. ***Les bénit*** : leur accorda des bienfaits, les combla de biens, de joie.
3. ***Soyez féconds*** : faites de nombreux petits.

[La création des humains]

Puis Dieu dit : « Faisons l'homme à notre image, selon notre ressemblance, et qu'il domine sur les poissons de la mer, sur les oiseaux du ciel, sur le bétail, sur toute la terre, et sur tous les reptiles qui rampent sur la terre. » Dieu créa l'homme à son image, il le créa à l'image de Dieu, il créa l'homme et la femme. Dieu les bénit, et Dieu leur dit : « Soyez féconds, multipliez-vous, remplissez la terre, et assujettissez-la [1] ; et dominez sur les poissons de la mer, sur les oiseaux du ciel, et sur tout animal qui se meut sur la terre. » Et Dieu dit : « Voici, je vous donne toute herbe portant de la semence et qui est à la surface de toute la terre, et tout arbre ayant en lui du fruit d'arbre et portant de la semence : ce sera votre nourriture. Et à tout animal de la terre, à tout oiseau du ciel, et à tout ce qui se meut sur la terre, ayant en soi un souffle de vie, je donne toute herbe verte pour nourriture. » Et cela fut ainsi. Dieu vit tout ce qu'il avait fait ; et voici, cela était très bon. Ainsi, il y eut un soir, et il y eut un matin : ce fut le sixième jour.

Ainsi furent achevés les cieux et la terre, et toute leur armée [2]. Dieu acheva au septième jour son œuvre, qu'il avait faite ; et il se reposa au septième jour de toute son œuvre, qu'il avait faite. Dieu bénit le septième jour, et il le sanctifia [3], parce qu'en ce jour il se reposa de toute son œuvre qu'il avait créée en la faisant.

---

1. ***Assujettissez-la*** : dominez-la.
2. ***Armée*** : ici, grande quantité des choses créées.
3. ***Sanctifia*** : rendit saint, c'est-à-dire férié : où l'on ne travaille pas.

Voici les origines des cieux et de la terre, quand ils furent créés.

La Bible, trad. Louis Segond,
Genèse, **1-2**, 4.

Texte 9 : La Bible (Adam et Ève au jardin d'Éden)

La Genèse comporte un second récit de la création des humains et notamment de la femme ; la Bible est en effet un rassemblement de textes d'origines variées qui parfois se contredisent.
Dans ce texte, Dieu installe le premier homme, Adam, et la première femme, Ève, dans le paradis terrestre ou jardin d'Éden. Mais Ève commet une faute...

[La création de l'homme et de la femme – Le paradis terrestre]

L'Éternel Dieu forma l'homme de la poussière de la terre, il souffla dans ses narines un souffle de vie et l'homme devint un être vivant. Puis l'Éternel Dieu planta un jardin en Éden, du côté de l'Orient[1], et il y mit l'homme qu'il avait formé. Il fit pousser du sol des arbres de toute espèce, agréables à voir et bons à manger, et l'arbre de la vie au milieu du jardin, et l'arbre de la connaissance du bien et du mal[2]. […]

---

1. ***L'Orient*** : l'est (l'Occident désigne l'ouest).
2. ***Arbre de la connaissance du bien et du mal*** : arbre représentant la connaissance illimitée de toutes choses, connaissance réservée à Dieu seul.

L'Éternel Dieu prit l'homme, et le plaça dans le jardin d'Éden pour le cultiver et pour le garder. L'Éternel Dieu donna cet ordre à l'homme : « Tu pourras manger de tous les arbres du jardin ; mais tu ne mangeras pas de l'arbre de la connaissance du bien et du mal, car le jour où tu en mangeras, tu mourras. »

L'Éternel Dieu dit : « Il n'est pas bon que l'homme soit seul ; je lui ferai une aide semblable à lui. »

L'Éternel Dieu forma de la terre tous les animaux des champs et tous les oiseaux du ciel, et il les fit venir vers l'homme, pour voir comment il les appellerait, et afin que tout être vivant portât le nom que lui donnerait l'homme. Et l'homme donna des noms à tout le bétail, aux oiseaux du ciel et à tous les animaux des champs ; mais, pour l'homme, il ne trouva point d'aide semblable à lui.

Alors l'Éternel Dieu fit tomber un profond sommeil sur l'homme, qui s'endormit ; il prit une de ses côtes, et referma la chair à sa place. L'Éternel Dieu forma une femme de la côte qu'il avait prise de l'homme, et il l'amena vers l'homme. Et l'homme dit : « Voici cette fois celle qui est os de mes os et chair de ma chair ! On l'appellera femme, parce qu'elle a été prise de l'homme. C'est pourquoi l'homme quittera son père et sa mère, et s'attachera à sa femme, et ils deviendront une seule chair. » L'homme et sa femme étaient tous deux nus, et ils n'en avaient pas honte.

[La faute originelle [1]]

Le serpent était le plus rusé de tous les animaux des champs que l'Éternel Dieu avait faits. Il dit à la femme :

« Dieu a-t-il réellement dit : "Vous ne mangerez pas de tous les arbres du jardin" ? »

La femme répondit au serpent :

« Nous mangeons du fruit des arbres du jardin. Mais quant au fruit de l'arbre qui est au milieu du jardin, Dieu a dit :

"Vous n'en mangerez point et vous n'y toucherez point, de peur que vous ne mouriez." »

Alors le serpent dit à la femme :

« Vous ne mourrez point ; mais Dieu sait que, le jour où vous en mangerez, vos yeux s'ouvriront, et que vous serez comme des dieux, connaissant le bien et le mal. »

La femme vit que l'arbre était bon à manger et agréable à la vue, et qu'il était précieux pour ouvrir l'intelligence ; elle prit de son fruit, et en mangea ; elle en donna aussi à son mari, qui était auprès d'elle, et il en mangea. Les yeux de l'un et de l'autre s'ouvrirent, ils connurent [2] qu'ils étaient nus, et, ayant cousu des feuilles de figuier, ils s'en firent des ceintures. [...]

[La femme avoue à Dieu qu'elle a mangé du fruit défendu et en a donné à l'homme.]

---

1. ***Originelle*** : toute première, qui date des origines.
2. ***Ils connurent*** : ils s'aperçurent.

[La punition de Dieu]

L'Éternel Dieu dit au serpent : « Puisque tu as fait cela, tu seras maudit entre tout le bétail et entre tous les animaux des champs, tu marcheras sur ton ventre, et tu mangeras de la poussière tous les jours de ta vie. » [...]

Il dit à la femme : « J'augmenterai la souffrance de tes grossesses, tu enfanteras avec douleur, et tes désirs se porteront vers ton mari mais il dominera sur toi. »

Il dit à l'homme :

« Puisque tu as écouté la voix de ta femme, et que tu as mangé de l'arbre au sujet duquel je t'avais donné cet ordre : "Tu n'en mangeras point !", le sol sera maudit à cause de toi. C'est à force de peine que tu en tireras ta nourriture tous les jours de ta vie, il te produira des épines et des ronces, et tu mangeras de l'herbe des champs. C'est à la sueur de ton visage [1] que tu mangeras du pain, jusqu'à ce que tu retournes dans la terre, d'où tu as été pris ; car tu es poussière, et tu retourneras dans la poussière. » [...]

L'Éternel Dieu dit :

« Voici, l'homme est devenu comme l'un de nous, pour la connaissance du bien et du mal. Empêchons-le maintenant d'avancer sa main, de prendre de l'arbre de vie, d'en manger, et de vivre éternellement. »

Et l'Éternel Dieu le chassa du jardin d'Éden, pour qu'il cultivât la terre, d'où il avait été pris.

La Bible, trad. Louis Segond,
Genèse, **2**, 7-25, et Genèse, **3**, 1-23.

---

1. ***À la sueur de ton visage*** : en travaillant.

Texte 10 : Le Coran (la création du monde)

Le mot « Coran » vient de l'arabe *qu'ran* qui signifie « lecture » ou « récitation ». Composé de cent quatorze sourates [1], le Coran évoque notamment la création du monde. Les quelques versets qui suivent ne sont qu'une petite partie du récit de création contenu dans ce livre sacré de l'islam.

Le texte mentionne plusieurs personnages (Moïse, Jésus) présents dans la Bible. On y retrouve aussi des faits évoqués dans de nombreux autres récits de création (comme le Déluge ; voir « Destruction et renaissance du monde », p. 95-114).

[Dieu crée le monde et le gouverne]

Ô vous les hommes !
Craignez votre Seigneur
qui vous a créés d'un seul être,
puis, de celui-ci, il a créé son épouse
et il a fait naître de ce couple
un grand nombre d'hommes et de femmes.
Craignez Dieu !
– vous vous interrogez à son sujet –
et respectez les entrailles [2] qui vous ont portés.
– Dieu vous observe. –
[…]
Louange à Dieu qui a créé les cieux et la terre
et qui a établi les ténèbres et la lumière !
Mais ceux qui ne croient pas en leur Seigneur lui donnent des égaux [3].

---

1. ***Sourates*** : voir note 1, p. 17.
2. ***Entrailles*** : ventres ; il s'agit ici de Dieu.
3. ***Lui donnent des égaux*** : inventent des dieux aussi puissants que lui.

C'est lui qui vous a créés d'argile,
puis il a décrété un terme[1] pour chacun de vous,
un terme fixé par lui.
Mais vous restez dans le doute.
[…]
Votre Seigneur est Dieu :
il a créé les cieux et la terre en six jours,
puis il s'est assis en majesté sur le Trône.

Il couvre le jour de la nuit
qui poursuit celui-ci sans arrêt.
Le soleil, la lune et les étoiles sont soumis à son ordre.

La Création et l'ordre ne lui appartiennent-ils pas ?
Béni soit Dieu, le Maître des mondes !
[…]

C'est lui qui déchaîne les vents
comme une annonce de sa miséricorde[2].
Lorsqu'ils portent de lourds nuages,
nous les poussons vers une terre morte ;
nous en faisons tomber l'eau
avec laquelle nous faisons croître[3] toutes sortes
de fruits.

Nous ferons ainsi surgir les morts.
Peut-être réfléchirez-vous ?

---

1. ***Terme*** : fin, mort.
2. ***Sa miséricorde*** : son pardon, sa pitié.
3. ***Croître*** : pousser.

Dans un bon pays,
les plantes poussent à profusion[1] ;
– avec la permission de son Seigneur –
et dans un mauvais pays,
elles ne sortent que clairsemées[2].

Nous expliquons ainsi les Signes
à un peuple qui se montre reconnaissant.

Le Coran, trad. Denise Masson, « Sourate IV, verset 1 », « Sourate VI, versets 1, 2 », « Sourate VII, versets 54, 57, 58 »,

1. ***À profusion*** : en grand nombre.
2. ***Clairsemées*** : rares.

III. Contes d'ici et d'ailleurs

Malgré leur influence, les mythes et les livres sacrés ne doivent pas faire oublier les autres récits de création : les légendes et les contes populaires. Le plus souvent destinés aux enfants, ces récits ont été transmis oralement puis mis par écrit, pour la plupart, à partir du XIXe siècle.

Ces contes donnent parfois une description humoristique de la création du monde. C'est le cas dans les *Premiers pas de l'univers* de Jules Supervielle, où les animaux arrivent sur terre sans être tout à fait achevés (**texte 11**). Dans un conte africain, les hommes sont fabriqués à partir d'un « matériau » pour le moins… inattendu (**texte 12**) !

Quelle que soit leur origine, les légendes sur la création du monde ont souvent des thèmes communs. Dans de nombreux récits, le monde et les êtres vivants proviennent de la chair d'un dieu. C'est le cas dans un conte mongol[1] (**texte 13**) et dans un conte scandinave[2], qui raconte la création du monde à partir du cadavre d'un géant (**texte 14**). Un conte d'Amazonie décrit la naissance très originale du Soleil (**texte 15**). Quant au plus célèbre récit de création chinois, il présente l'univers comme un œuf donnant naissance à un géant (**texte 16**).

---

1. ***Mongol*** : voir note 1, p. 15.
2. ***Scandinave*** : voir note 2, p. 14.

Texte 11 : Jules Supervielle, *Premiers pas de l'univers* (conte français)

Jules Supervielle (1884-1960) est un auteur qui a partagé sa vie entre la France et l'Uruguay, son pays de naissance. De l'Amérique du Sud, il garde le souvenir des immenses espaces de la pampa[1].

Dans son recueil de contes intitulé *Premiers pas de l'univers*, Jules Supervielle récrit une genèse originale et quelque peu farfelue : la création des animaux et de l'homme par celui dont on entend « la grosse voix de derrière les nuages »...

[Drôle de création]

Les animaux tombaient du ciel un à un sans se faire de mal. La plupart étaient parachevés[2]. Certains devaient attendre encore un peu avant de posséder tous leurs attributs[3].

« Il paraît que j'aurai une trompe, dit l'éléphant, frais arrivé[4]. Ça partira du front et traînera presque par terre.

– C'est beaucoup pour un nez, dit le renard.

– C'est exactement ce qu'il me faut », riposta l'éléphant.

À peine avait-il achevé sa phrase que la trompe vint du fond du ciel, prendre la place qu'elle devait désormais occuper chez tous les éléphants.

« Faut-il aboyer ? se demanda le chien qui avait déjà toute sa voix. Non, je me tais, c'est dans l'ordre. »

---

1. ***Pampa*** : grande plaine d'Amérique du Sud.
2. ***Parachevés*** : complètement achevés.
3. ***Attributs*** : caractéristiques.
4. ***Frais arrivé*** : tout nouvellement arrivé.

Au cheval il ne manquait que les oreilles mais il n'en savait rien, tout occupé qu'il était à vouloir se débarrasser, au galop, de son ombre.

Les oreilles le rattrapèrent en pleine course, elles ne sont pas encore revenues de leur étonnement et ne cessent de se tourner de tous côtés.

« Le bruit court, dit le cheval, que nul ne me rattrapera à la course : je ne sais pas encore très bien ce que ça veut dire mais je devine que j'en serai très fier. »

Tout d'un coup, chacun se sentit mal à l'aise : l'âne venait de braire. Il avait vomi son bruit devant tout le monde et en paraissait satisfait.

Le Créateur allait d'une bête à l'autre, ajoutant ceci, cela, fignolant[1]. Il venait de donner ses zébrures au zèbre et celui-ci, ravi, les montrait à chacun.

« Il n'y a pas de quoi être si fier, dit l'âne. Toutes ces raies, c'est dix fois rien.

– C'est possible, mais moi, je ne suis pas obligé de braire pour qu'on ne m'oublie pas. » [...]

L'ours se demandait s'il était vraiment achevé mais n'en disait rien à personne. Il cherchait çà et là une espèce de confiture sauvage. Il la trouva et l'appela miel.

La vipère dit que ses pattes ne tarderaient pas à lui être livrées, qu'elle les attendait d'un moment à l'autre.

« Vous verrez un peu quand je pourrai faire galoper mon venin d'un bout à l'autre de la Terre.

– Taisez-vous donc, dit la grosse voix de derrière les nuages. Et d'abord, qui vous dit que vous aurez des pattes ? » [...]

---

1. ***Fignolant*** : améliorant, prêtant attention aux détails.

On parlait beaucoup depuis quelque temps d'un être à venir qui serait extrêmement adroit de ses pattes de devant et dont la tête serait pleine de ressources.

« Depuis le temps qu'on en parle ! dit l'ours. C'est à croire qu'il ne viendra jamais. »

L'homme fut déposé en pleine jeunesse au milieu de l'assemblée des bêtes et se mit aussitôt à regarder autour de lui comme s'il avait toujours eu des yeux.

Sans même se donner la peine de saluer l'assistance, il fit toute sorte de mouvements des bras et des mains. Il sauta à pieds joints, courut, revint en arrière sans se retourner, se coucha, s'agenouilla, sauta sur un pied, se mit à quatre pattes, se redressa d'un bond, se fendit [1] comme un escrimeur, siffla, cracha dans ses mains.

« Je mange sans faim, dit-il, je bois sans soif, je pleure sans chagrin et je dors sans envie. » [...]

On s'étonna que le Créateur, généralement mieux inspiré, se fût donné la peine de faire un être aussi débile [2] et aussi peu fourni en poils. Par dérision [3], un orang-outang s'en arracha une bonne poignée et la lui offrit.

L'homme prit les poils, souffla dessus et de nouveau éclata de rire ! Il ramassa des pierres et les lança au loin, sans blesser personne mais en frôlant tout le monde, puis il imita successivement et fort bien, des gestes et de la voix, le chat, le chien, le cheval, le tigre, le lion, l'éléphant et pour finir l'orang-outang. [...]

---

1. ***Se fendit*** : avança une jambe en avant.
2. ***Débile*** : faible.
3. ***Dérision*** : moquerie.

C'était le premier ténor[1], le premier allumeur, le premier fourreur[2], le premier jongleur, le premier tailleur de pierres, le premier sans vergogne[3], le premier blasphémateur[4].

Il tua une vipère sous prétexte qu'elle était venimeuse et une couleuvre parce qu'elle ne l'était pas. Il maniait[5] aussi bien la mort que la logique et la chanson sentimentale. Si bien que les bêtes interloquées[6] en perdirent l'usage de la parole, mais cette aphasie[7] ne fut pas totale. Elles gardèrent, comme on sait, le droit de rugir, barrir, aboyer, hennir et braire, duquel, encore de nos jours, elles ne se privent point.

Jules Supervielle, extraits de « La Création des animaux »,
Premiers pas de l'univers,

Texte 12 : « La Terre et la Tempête » (conte africain)

Le Dahomey est un pays d'Afrique de l'Ouest, aujourd'hui appelé Bénin. Pour les Fons, l'un des peuples les plus importants de ce pays, la grande Mère Nana Bouloukou est à l'origine de tout. C'est elle qui a créé le monde à l'aide du dieu-serpent, avant d'enfanter des jumeaux : Mawu (la Lune) et

1. ***Ténor*** : chanteur à la voix puissante et assez haute.
2. ***Fourreur*** : personne qui fabrique des vêtements de fourrure.
3. ***Sans vergogne*** : sans honte, sans gêne.
4. ***Blasphémateur*** : qui insulte ce qui est sacré.
5. ***Maniait*** : ici, connaissait.
6. ***Interloquées*** : extrêmement étonnées.
7. ***Aphasie*** : incapacité à parler.

Liza (le Soleil). Ces derniers ont à leur tour donné naissance à de nombreux jumeaux, mais une querelle éclate entre deux de ces enfants, mettant la Terre en péril…

[La création de l'univers et du premier couple d'humains]

À l'origine, dans l'insondable[1] nuit des temps, la grande Mère primordiale, Nana Bouloukou, qui n'avait pas été créée et ne s'était pas créée elle-même, entreprit de[2] constituer la Terre. Elle pensa l'univers dans une forme sphérique, pareil à une calebasse[3] gigantesque, tranchée en deux, et ressoudée à l'horizon – du moins les deux moitiés s'étaient-elles rajustées justement au cercle de la coupure.

Dans cette grande calebasse, la contrée du ciel côtoyait l'abîme[4] des eaux ; le firmament[5] se mêlait aux marées, sans réelle ligne de partage. Quant à la terre, elle émergeait presque, de-ci de-là, comme la matière dispersée d'un rêve qui nous revient […].

La grande Mère ordonna au dieu-serpent de rassembler les terres et de les faire émerger sous la pression, afin d'en faire le séjour des arbres, des animaux et des hommes à venir.

Ce dieu-serpent vivait dans les eaux profondes et semblait tirer sa force de l'oscillation[6] incessante de l'océan.

---

1. ***Insondable*** : immense, infini.
2. ***Entreprit de*** : commença à.
3. ***Calebasse*** : grand fruit rond dont l'écorce sert de récipient.
4. ***Abîme*** : voir note 5, p. 13.
5. ***Firmament*** : ciel.
6. ***Oscillation*** : mouvement de va-et-vient, balancement.

Il s'attaqua à sa tâche d'une nage souple et ondulante, contournant les terres, les entourant, les comprimant […]. La terre monta des entrailles[1] de la mer, et flotta en surface. Tout à la fois portée par l'océan et cernée par les vagues qui se débouclaient[2] jusqu'à l'horizon, et peut-être par-delà.

Le dieu-serpent observa que de l'eau était restée dans les creux et les gorges de la Terre ; cette eau croupissait, stagnait sans reflets, exhalait dans l'obscurité des odeurs de plus en plus nauséabondes. Aussi, d'une série de lignes sinueuses, s'imprimant en creux, le serpent commença-t-il de tracer le lit des rivières, de manière que le monde, en chacune de ses parties, reçoive la vie et la fertilité[3].

Satisfait de ce dernier ouvrage, le dieu-serpent, dans un élan prodigieux, s'enroula alors autour des deux moitiés de la calebasse cosmique, pour les maintenir étroitement unies, soudées ainsi que[4] les valves[5] profondes d'un coquillage. […]

(Nul ne sait ce qu'il adviendrait de l'univers si le serpent venait à rompre son étreinte. Sans doute le monde se morcellerait-il tout entier. Les astres voleraient en éclats. La Terre se désintégrerait. Et les eaux, n'ayant plus d'obstacles, s'engouffreraient dans l'obscurité.)

À présent que la terre avait ses limites et l'univers sa ligature[6], les animaux et les arbres apparurent. Les oiseaux

---

1. ***Entrailles*** : voir note 2, p. 60.
2. ***Se débouclaient*** : se déroulaient.
3. ***Fertilité*** : fait de pouvoir produire beaucoup (ici, beaucoup de récoltes).
4. ***Ainsi que*** : comme.
5. ***Les valves*** : les deux parties de la coquille.
6. ***Ligature*** : lien qui serre.

tinrent des conférences à l'intérieur des buissons ou dans les roseraies. Les poissons se ruèrent dans les courants, remontant près des sources à l'instant du frai [1]. La seule croissance de l'herbe fut un prodige : aussitôt montée en graines, elle se disséminait sur le monde.

Réjouie de cette ferveur [2] et de cette fertilité, et comme entraînée par elles, Nana Bouloukou, la grande Mère, donna naissance au firmament à un couple de jumeaux : Mawu, d'allure lunaire et féminine, et Liza, de nature solaire et virile. La première eut sa résidence à l'Occident, l'autre à l'Orient [3] [...].

Mawu et Liza, comme si leur nature leur imposait de toujours se reproduire en double, donnèrent naissance à sept couples de jumeaux. Ceux de la Terre, ceux de la Tempête et ceux du Fer apparurent d'abord. Ensuite, au gré des accouplements périodiques, naquirent les jumeaux de l'Eau, résidant sous la vague et commandant aux poissons ; les jumeaux de la Brousse, demeurant dans les arbres et régnant sur les bêtes sauvages. [...]

Les jumeaux du Fer étaient certainement entre tous ceux qui perdaient le moins de temps à se répandre en paroles. Forts de ce qu'ils avaient à faire, ils allaient jusqu'à se rompre dans l'effort et préféraient une bonne fatigue musculaire et la satisfaction d'un travail bien effectué à tous les agréments [4] de la conversation [...].

Avec une force fière et une allégresse [5] dans le geste, ils défrichèrent les forêts et entrouvrirent les sillons de la terre.

---

1. ***Frai*** : moment de la ponte des œufs par les poissons femelles.
2. ***Ferveur*** : enthousiasme.
3. ***L'Orient*** : voir note 1, p. 56.
4. ***Agréments*** : plaisirs.
5. ***Allégresse*** : joie.

Selon l'état du terrain, ils pratiquaient des tranchées de drainage[1] ou des rigoles d'irrigation. Puis ils forgèrent[2] les outils et les armes – quelques étincelles bleuâtres dans la forge s'ajoutèrent aux étoiles.

Une querelle assez véhémente[3] survint entre les jumeaux de la Terre et ceux de la Tempête. Le couple Mawu-Liza les avait pourtant créés dans la complémentarité[4], à l'image de la grande calebasse cosmique : deux moitiés qui devaient nécessairement cohabiter et coopérer en bonne harmonie. [...]

Il advint que la Tempête ne se manifesta plus durant un temps anormalement long. La Terre commença de s'inquiéter : sa chair se meurtrissait, se craquelait, se lézardait de toutes parts. Les graines éclataient en vain[5], les plants dépérissaient au creux des sillons. Tout n'était plus que désolation[6]. Les oiseaux mêmes mouraient dans les arbres ou sur le sol, faute de pouvoir trouver à se nourrir. La Terre lançait au firmament des appels de plus en plus désespérés. Mais la Tempête s'était comme renfrognée dans une bouderie opiniâtre[7].

La Terre consulta l'oracle[8] pour comprendre le sens de cette attitude. L'oracle lui révéla que la Tempête s'était sentie dépossédée de tout l'héritage céleste lorsque leurs

---

1. ***Drainage*** : fait de permettre aux eaux de s'écouler.
2. ***Forgèrent*** : fabriquèrent dans une forge (où le forgeron travaille le métal, à l'aide du feu).
3. ***Véhémente*** : vive.
4. ***Complémentarité*** : fait de se compléter.
5. ***En vain*** : sans utilité, sans produire d'effet.
6. ***Désolation*** : lieu désert, ravagé.
7. ***Opiniâtre*** : obstinée, têtue.
8. ***Oracle*** : personne qui interprète les messages des dieux.

parents avaient permis aux jumeaux de la Terre d'emporter du ciel tout ce qu'ils désiraient ou croyaient opportun[1]. Outre tous les sacs de semences, elle pensait que les jumeaux de la Terre avaient emporté également avec eux le feu et la pluie, et qu'ils pouvaient désormais fort bien se passer de ses fonctions. Ce qui, bien sûr, n'était pas vrai. La Terre s'efforça de le prouver. Elle fit même le sacrifice de toutes ses récoltes engrangées[2] pour montrer, dans sa bonne foi, qu'elle n'appréhendait pas de se livrer à la dernière extrémité[3]. La Tempête voulut comprendre et sortit de son renfrognement, profondément soulagée. En signe de réconciliation, elle fit tomber une forte pluie et confirma son alliance par un grand arc-en-ciel qui touchait les confins[4] de la Terre. Afin qu'un nouveau malentendu ne pût se reproduire, les oiseaux devinrent entre la Terre et la Tempête de continuels messagers.

Entre-temps, à la faveur d'une nouvelle éclipse, Mawu et Liza avaient accouché d'un enfant mâle, qui fut à la fois le fils et l'instrument des dieux. Il apparut comme un fragment de rocher, pourvu en son centre d'une lame affilée.

Ce fut avec cet instrument, et à partir d'excréments divins, que Mawu et Liza façonnèrent le premier homme, la première femme.

Selon les mythes de la création des Fons du Dahomey.

Jean-Pierre Otte, *Les Mythes de la création*,

1. ***Opportun*** : utile.
2. ***Engrangées*** : accumulées.
3. ***N'appréhendait pas [...] extrémité*** : n'avait pas peur d'aller jusqu'au bout, de faire des sacrifices.
4. ***Confins*** : extrémités, limites.

Texte 13 : « Le Couple et les Constellations » (conte mongol)

Les Kalmouks sont les descendants des Mongols, un peuple nomade[1] d'Asie centrale (Mongolie). Ils se sont établis en Russie au XVIIe siècle, Astrakan est leur ancienne capitale. Comme le raconte de façon très poétique le texte qui suit, les Kalmouks imaginaient que le monde avait été créé à partir du corps d'un dieu géant nommé Manzachiri. Ce mythe du monde né de la chair divine se retrouve en Scandinavie (voir texte 14, p. 75-78), en Chine (voir texte 16, p. 82-85), ou encore en Amérique du Nord (voir texte 19, p. 91-93).

[Un monde et des humains nés d'une chair divine]

Dans les âges obscurs, le monde fut formé des membres du dieu Manzachiri. Sa chair devint la Terre et de sa chevelure se déploya la steppe[2]. Son crâne fut la voûte céleste : le Soleil et la Lune jaillirent de ses yeux. De sa respiration naquit le vent et de sa voix le grondement du tonnerre. Les arbres grandirent : tronc de ses artères, branches de ses veines, sanguines[3] des feuillages. Le fer fut tiré de ses os et le feu d'une incandescence[4] cachée dans ses entrailles[5]. Son sang répandu à flots dans les herbes devint, retrouvant l'éclat de la transparence dans le courant, les rivières et les

1. ***Nomade*** : qui se déplace, sans habitation fixe.
2. ***Steppe*** : voir note 3, p. 33.
3. ***Sanguines*** : ici, il s'agit de plantes.
4. ***Incandescence*** : luminosité causée par une chaleur intense.
5. ***Entrailles*** : voir note 2, p. 60.

lacs, et avec une première impétuosité[1], le torrent des montagnes.

Dans ces matières fut formé le premier couple humain. À la dimension de l'homme et de la femme, la terre redevint la chair et l'eau du sang. Le cœur fut forgé[2] dans le fer et le feu s'infiltra au plus secret de leurs fibres.

Lorsque leur création fut achevée, l'obscurité de la voûte céleste s'était tout entière rétablie, inextricable[3], large et terrible, d'une opacité[4] qui paraissait sans fond. Il semblait que le Soleil et la Lune fussent captifs des corps de cet homme et de cette femme. Ils irradiaient[5] une vaste clarté d'or, qui éclairait tout, repoussait les ténèbres à leur approche. Eux-mêmes étaient éblouis, ce qui les empêchait de se rapprocher ainsi que[6] le désir le leur dictait. À une distance réduite, il y avait une brûlure insupportable, une incandescence intolérable, qu'aucun des partenaires ne pouvait dépasser.

Ils en vinrent à se délester[7] progressivement de leurs lumières, décrochant de leur chair comme des colliers de cristal et de feu. Ces colliers, quand ils les jetaient dans l'air, devenaient des constellations : Orion, la Grande Ourse, le Lièvre, le Serpent ou les six pépites[8] des Pléiades.

Ayant perdu extérieurement tout leur éclat, ce premier homme et cette première femme purent s'étreindre[9] enfin,

---

1. ***Impétuosité*** : rapidité et violence, vivacité.
2. ***Forgé*** : voir note 2, p. 71.
3. ***Inextricable*** : que l'on ne peut démêler ; ici, obscurité totale.
4. ***Opacité*** : ce qui ne laisse pas passer la lumière.
5. ***Irradiaient*** : ici, projetaient, diffusaient.
6. ***Ainsi que*** : voir note 4, p. 69.
7. ***Se délester*** : se débarrasser, lâcher.
8. ***Pépites*** : ici, étoiles brillantes comme de l'or.
9. ***S'étreindre*** : se prendre dans les bras.

tandis que des fils d'or coulaient du ciel comme d'une outre[1] percée de toutes parts.

Selon les mythes de la création des Kalmouks d'Astrakan.

Jean-Pierre Otte, *Les Mythes de la création*,

Texte 14 : « Le Géant Ymir » (conte scandinave)

La Scandinavie est une région d'Europe du Nord comprenant la Norvège, la Suède et le Danemark. Entre le VIIIe et le XIe siècles, elle est dominée par les Vikings, grands marins et rudes guerriers. Pour ces anciens peuples, habitants d'une région de neige et de glace, les premiers êtres vivants sont les « géants-du-givre ». Le plus célèbre d'entre eux est Ymir, né dans un abîme[2] nommé Ginnungagap.
Le dieu Odin et ses deux frères Vili et Vé sont les descendants des géants-du-givre. Odin livre une terrible bataille contre les géants, tue Ymir puis crée le monde à partir de son corps.

[Odin prit le crâne du géant pour former la voûte du ciel]

Au commencement, il n'y avait ni ciel, ni mer, ni terre. Aucune plante nulle part. Au nord, une contrée effroyable, obscure et glacée. Au sud, le pays du feu. Au centre, l'abîme, Ginnungagap, qui semblait attendre la vie.

Des fleuves en eaux venimeuses, venus du Nord, se déversèrent dans l'abîme. Ils gelaient au fur et à mesure,

1. ***Outre*** : sac en cuir utilisé pour transporter des liquides.
2. ***Abîme*** : voir note 5, p. 13.

remplissant Ginnungagap de couches de givre. Mais sous l'effet des étincelles et des flammèches[1] qui s'échappaient du Sud, les gouttes de givre se mirent à fondre et la vie apparut.

Elle prit la forme d'un géant et d'une vache colossale[2], au pis chargé de lait. Ymir, le géant, put s'y abreuver et s'endormit. Pendant son sommeil, deux créatures sortirent de ses aisselles puis une troisième, quand il frotta ses pieds l'un contre l'autre. De ces trois créatures est descendue la race des géants-du-givre, monstrueux et méchants, car nés des eaux maléfiques du Nord.

Cependant la vache nourricière léchait les pierres de glace, qui sont salées. À force de les lécher, le premier jour, elle fit apparaître une chevelure, le deuxième jour, une tête, et le troisième, un être entier, beau, vigoureux : c'était un dieu. Il épousa une géante et eut pour descendant Odin, devenu depuis le père et le maître bienveillant des dieux.

Dieux et géants ne pouvaient pas s'entendre. Odin et ses deux frères tuèrent Ymir et, dans la mare de son sang, noyèrent tous les géants – sauf deux d'entre eux qui s'échappèrent et donnèrent naissance à de nombreux enfants. La race des géants-du-givre ne peut mourir et toujours les dieux combattront les géants.

Odin et ses deux frères ne tentèrent pas de rejoindre les fugitifs. Ils avaient une autre tâche à accomplir : il leur fallait créer le monde.

Ils transportèrent le corps d'Ymir dans l'abîme Ginnungagap. De sa chair ils firent la Terre, de ses os les montagnes, de ses dents les rochers, de ses cheveux les arbres

1. ***Flammèches*** : petites flammes qui jaillissent d'un feu.
2. ***Colossale*** : immense.

et de son sang intarissable la mer, qui encercle la Terre et que les hommes auront tant de mal à franchir.

Ensuite ils prirent le crâne du géant pour former la voûte du ciel. Ils y fixèrent les étincelles jaillies du pays du feu, pour que les astres puissent éclairer le monde. Ils en réglèrent le mouvement et, depuis lors, on distingue[1] la nuit du jour et l'on fait le compte des années. Pour finir, les dieux s'amusèrent à lancer en l'air ce qu'il restait de la cervelle d'Ymir. Ainsi naquirent les nuages, chargés de neige ou d'orage.

Odin et ses frères prirent soin de repousser les géants au-delà de la mer, dans la brume et le froid, aux limites du monde. Afin de se protéger d'eux, ils se servirent des cils d'Ymir pour bâtir une muraille tout autour de la Terre. Puis, au centre de celle-ci, ils construisirent une forteresse magnifique, où ils avaient l'intention d'habiter. Mais la Terre qui les entourait leur semblait vide.

Un jour que les trois dieux se promenaient le long du rivage, battu par les flots, ils virent deux troncs d'arbre échoués sur le sable. Ils les redressèrent et les taillèrent, pour en faire des hommes. Odin leur donna le souffle et la vie ; ses frères, l'intelligence, le mouvement et les organes des cinq sens. Puis ils les vêtirent et les nommèrent. L'homme fut appelé Ask, ce qui signifie « le frêne », et la femme, Embla, « la vrille[2] de la vigne ».

Ask et Embla, leurs enfants, leurs petits-enfants honorèrent les dieux et peuplèrent la Terre, dans l'espace

---

1. ***Distingue*** : voit, différencie.
2. ***Vrille*** : partie d'une plante grimpante qui lui permet de s'enrouler autour d'un support.

compris entre la forteresse divine et le sombre pays des géants.

Et nous sommes leurs descendants.

Françoise Rachmuhl, *18 contes de la naissance du monde*, © Flammarion, 2010.

Texte 15 : « Le Fils du jaguar » (conte d'Amazonie)

Les récits de création d'Amérique du Sud sont imprégnés de la nature riche et foisonnante qui caractérise cette région. Une partie du continent est en effet couverte par l'Amazonie, gigantesque forêt que traverse un fleuve immense : l'Amazone. Les histoires de cette partie du monde sont peuplées d'animaux aux pouvoirs magiques, comme le jaguar, un « superprédateur[1] » qui aide les humains ou les dévore. Dans le conte qui suit, Jaci, la Lune, envoie le jaguar sur Terre pour une mission qui aura un résultat inattendu…

[La naissance du Soleil]

Jaci, la Lune, s'ennuyait dans le ciel. Elle avait été jadis une jeune fille comme les autres, une Indienne à la douce figure ronde, aux pommettes hautes, aux lèvres tendres. Elle avait vécu parmi les hommes. Elle s'ennuyait d'eux.

Pourtant elle ne pouvait descendre jusqu'à eux. Elle demanda donc au jaguar de le faire à sa place. Il se glisserait dans la forêt immense, se confondrait avec les lianes[2]

1. ***Superprédateur*** : prédateur (animal tuant d'autres animaux) qu'aucun autre animal n'attaque.
2. ***Se confondrait avec les lianes*** : se cacherait parmi les lianes.

et, ombre parmi les ombres, s'approcherait du village et surprendrait les secrets des hommes. Il remonterait les transmettre à la Lune, et cela la distrairait.

Jaci avait confiance dans le jaguar, la plus puissante, la plus habile de toutes les créatures.

Or, un soir que le jaguar s'approchait du fleuve pour y boire, il rencontra une jeune Indienne. Elle remontait dans le sentier, les bras chargés de poissons. Le jaguar pensa qu'elle allait s'enfuir devant lui, terrorisée à sa vue, comme la plupart des humains.

Mais pas du tout. La jeune fille ne manifesta aucune crainte. Elle regarda le fauve en souriant, continua à marcher d'un pas égal et, comme il la suivait, elle se retournait de temps en temps pour lui jeter un coup d'œil. Le jaguar aima sa démarche tranquille et son visage souriant.

Il la suivit jusqu'au village et entra avec elle dans sa hutte[1]. Elle le reçut comme on reçoit un hôte de marque[2]. La bête et la belle passèrent la nuit ensemble.

Avant l'aube, le jaguar sortit de la hutte et s'éloigna de son pas feutré. Un peu plus tard dans la journée, les nouveaux amis se retrouvèrent au bord du fleuve et remontèrent tous deux jusqu'à la hutte de l'Indienne. Et il en fut de même les jours suivants.

Malheureusement, les gens du village se doutèrent de quelque chose. Ils guettèrent la jeune fille et son ami, et les virent ensemble. Ils ne comprenaient rien à cet amour entre deux êtres d'espèce différente, et ce qu'ils ne comprenaient pas, ils le redoutaient et cherchaient à le détruire.

---

1. ***Hutte*** : habitation traditionnelle, souvent en bois.

2. ***Un hôte de marque*** : un invité important.

Un matin, après le départ du jaguar, ils entrèrent dans la hutte de l'Indienne, s'emparèrent d'elle, malgré ses supplications, l'entraînèrent loin de là, à l'extrémité du village. Ils l'enfermèrent dans une autre hutte, après l'avoir solidement ligotée.

À la nuit tombée, le jaguar, de son allure balancée, s'approcha du rivage, se coula[1] dans les hautes herbes, pour aller boire l'eau du fleuve. Puis il attendit son amie, qui n'était pas là. Il l'attendit longtemps, enfin partit à sa recherche. Il la chercha partout, dans la forêt, dans le village, longtemps, longtemps. La douleur le tenaillait. Il ne la trouvait toujours pas.

Alors une rage folle, aveugle, le prit et il détruisit tout sur son passage. Arbres, buissons, huttes, hamacs, marmites, tout volait en éclats. D'un coup de patte, il égorgeait les animaux. Puis il disparut.

Les villageois, qui s'étaient terrés, impuissants, réapparurent. Ils se mirent à errer dans les débris.

Des plaintes s'élevaient d'une hutte, à l'extrémité du village. C'était la jeune fille qu'ils avaient emprisonnée et qui n'avait pu échapper au massacre. Dans sa folie meurtrière, sans le savoir, le jaguar avait blessé celle qu'il aimait, en abattant la hutte.

Elle mourut. Les villageois enveloppèrent son corps dans un fin tissu de laine blanche et le déposèrent, selon la coutume, dans une pirogue, sur le fleuve. Le bateau s'éloigna au fil du courant.

Plusieurs mois s'écoulèrent. Les hommes avaient réparé leurs huttes. Ils pêchaient, tranquillement, dans le fleuve,

---

1. ***Se coula*** : se faufila, se déplaça sans bruit.

lorsqu'ils virent s'approcher le bateau qui avait renfermé la jeune morte, et dont ils avaient presque oublié le souvenir.

Le corps de l'Indienne ne s'y trouvait plus. Mais dans la couverture de laine blanche était blotti un nouveau-né.

« C'est le fils du jaguar ! » s'écrièrent les villageois.

Honteux de ce qu'ils avaient fait subir autrefois à la jeune femme, ils prirent l'enfant avec eux et l'élevèrent. C'était un garçon exceptionnellement beau, fort et intelligent.

Il fit des progrès si rapides en peu d'années que, déjà, les anciens du village songeaient à le marier.

Un jour où les villageois se trouvaient tous au bord du fleuve, le garçon, sans prononcer un mot, prépara un grand feu. Quand celui-ci commença à flamber, le jeune homme s'élança dans les flammes, en étendant les bras, comme un aigle prêt à s'envoler.

Et, sous les yeux étonnés des hommes et des femmes, sans se brûler, poussé par l'air chaud, il s'éleva lentement vers le ciel. Son corps devenait transparent, lumineux, éblouissant. Il montait, montait toujours, et finit par s'immobiliser, haut dans le ciel, sous la forme d'une énorme boule de feu.

Les hommes le regardaient avec stupeur. Leurs yeux brûlaient, ils devenaient aveugles sous l'effet de la lumière intense. Ils se réfugièrent dans leurs huttes.

Autour d'eux, la chaleur flétrissait les herbes, desséchait les arbres, les animaux fuyaient en haletant, l'eau du fleuve s'évaporait. La forêt, devenue silencieuse, se transformait en désert.

Alors Jaci, la Lune, qui avait tout vu, décida d'intervenir et de sauver la Terre. Elle se sentait responsable, elle qui avait envoyé le jaguar chez les hommes. À cause d'elle, le fauve avait rencontré l'Indienne, à cause d'elle, ils avaient eu ce fils éblouissant.

Elle souffla longuement sur la forêt et sur le fleuve. Chaleur et lumière devinrent moins denses [1], l'eau recommença à couler, le feuillage des arbres à bouger, à nouveau plein de bruissements [2].

Et si le fils du jaguar, devenu le Soleil, continua à rayonner, il le fit avec plus de douceur.

Françoise Rachmuhl, *18 contes de la naissance du monde*,

Texte 16 : « Pangu crée le monde » (conte chinois)

D'après un mythe du IIIe siècle très connu en Chine, Pangu est l'un des trois dieux les plus importants (les « trois Purs ») du taoïsme, une forme de religion chinoise.
Dans ce conte, comme dans les mythes grecs et romains, tout commence par un immense chaos. Mais à l'intérieur de celui-ci se trouve un univers à la forme très originale : c'est un œuf géant ! Un œuf dans lequel dort Pangu, le premier être du monde...

[Pangu ouvre le ciel et crée la terre]

Au commencement, dans les temps très anciens où n'existaient ni le ciel ni la terre, ni les montagnes ni les fleuves, ni les oiseaux ni les fleurs, dans ces temps qui ont

1. ***Denses*** : fortes.
2. ***Bruissements*** : bruits légers des feuilles dans le vent.

précédé les légendes, tout n'était qu'un immense chaos. Il n'y avait alors qu'un abîme[1] béant, aucune forme ne pouvait être distinguée[2] dans ces ténèbres profondes et cette désolation[3] infinie. En ces temps-là, l'univers était un œuf.

Le premier être du monde demeurait dans cet œuf, il s'appelait Pangu. Depuis dix-huit mille ans, il y dormait, y grandissait lentement, et maintenant il était sur le point de s'éveiller. Il écarta d'abord ses bras, gigantesques, puis il détendit ses jambes, énormes, et c'est tout doucement qu'il ouvrit les premiers yeux du monde. Mais Pangu ne se sentait pas à son aise, il était plongé dans l'obscurité la plus noire et il n'avait pas beaucoup de place pour bouger. Il se trouvait bien à l'étroit à l'intérieur de la coquille de l'œuf. Il avait envie de s'étirer ; alors il déploya d'un coup son corps colossal[4], resté immobile depuis si longtemps, et sous le formidable effet de ce mouvement, l'œuf éclata dans un bruit de tonnerre. À cet instant, tous les éléments de l'univers, restés soudés depuis la nuit des temps, se disloquèrent.

À présent, Pangu se tenait debout ; il sépara les éléments de l'univers, mit en bas les plus grands et les plus lourds, piétina les parties visqueuses et molles, et en forma la terre tandis qu'il élevait, pour les placer en haut, les particules transparentes, pures et légères qui constituèrent le ciel.

Mais la distance entre le ciel et la terre n'était pas suffisante ; les éléments du haut se mélangeaient sans cesse aux

---

1. ***Abîme*** : voir note 5, p. 13.
2. ***Distinguée*** : voir note 1, p. 77.
3. ***Désolation*** : voir note 6, p. 71.
4. ***Colossal*** : voir note 2, p. 76.

éléments du bas et le ciel restait relié à la terre en différents endroits. Pangu voulut les séparer à jamais et il utilisa sa tête pour soutenir le ciel de toute sa force, tandis que ses deux pieds étaient fermement posés sur la terre. Dès lors, Pangu grandit chaque jour de trois mètres et trente-trois centimètres. Le ciel s'élevait donc chaque jour de trois mètres et trente-trois centimètres, et la distance qui le séparait de la terre augmentait quotidiennement d'autant. Pangu tenait un burin[1] dans la main gauche et une hache dans la main droite ; partout où les éléments du haut se mêlaient encore aux éléments du bas, partout où le ciel était encore relié à la terre, Pangu creusait, fendait et coupait. Pangu grandit et œuvra de cette façon pendant dix-huit mille ans, sans jamais dormir, sans jamais se reposer. Quand ce temps fut écoulé, le ciel atteignit une hauteur vertigineuse, et Pangu une taille colossale. Il mesurait toute la distance qui sépare le ciel de la terre, soit quarante-cinq mille kilomètres. Grâce à Pangu, la terre et le ciel ne pouvaient plus se mélanger.

Pendant dix-huit mille ans, Pangu avait œuvré solitaire à la genèse du monde. Il avait déployé toutes ses forces et consacré toute son énergie à sa création, et il s'effondra sur la terre qu'il avait lui-même façonnée. Pangu mourut, mais son corps se métamorphosa[2] ; sa chair constitua le sol, son sang se répandit en océans et en rivières, son œil gauche devint le Soleil, son œil droit la Lune, son souffle se fit vent et nuées[3], et sa voix tonnerre. Les quatre

1. ***Burin*** : outil qui permet de couper des métaux ou du bois.
2. ***Se métamorphosa*** : voir note 4, p. 13.
3. ***Nuées*** : nuages.

membres et le corps de Pangu formèrent les points cardinaux et les cinq montagnes sacrées qui s'élèvent jusqu'aux cieux, celles que l'on rencontre en prenant les différentes directions du monde : le centre, l'est, le sud, l'ouest et le nord de la Terre. Ses larmes irriguèrent le fleuve Bleu et le fleuve Jaune[1], ses muscles se changèrent en champs, ses nerfs pénétrèrent la terre, et ses cheveux se transformèrent en étoiles et en astres. Les dents de Pangu et ses os devinrent les métaux et les pierres, sa sueur la rosée et la pluie. Les poils de sa peau donnèrent les forêts, sa moelle[2] se cristallisa en perles et en jade. Pangu avait tissé la trame[3] du ciel et tracé les contours de la terre, il était resté solitaire pendant trente-six mille années, et avait sacrifié sa vie pour édifier[4] le monde.

On disait jadis qu'en réalité Pangu n'était pas vraiment mort. Car, lorsqu'il était joyeux, le temps était clair, mais lorsqu'il était en colère, les nuages couvraient le ciel.

---

1. ***Le fleuve Bleu et le fleuve Jaune*** : deux grands fleuves qui coulent en Chine.
2. ***Moelle*** : substance molle à l'intérieur des os.
3. ***Trame*** : croisement de fils lorsqu'on fabrique un tissu.
4. ***Édifier*** : bâtir.

IV. Langage et création

L'apparition du langage humain est une question passionnante et encore mystérieuse. Comment le langage est-il venu aux hommes ? Des premiers sons articulés par les ancêtres d'*Homo sapiens*[1] aux quelque sept mille langues parlées dans le monde aujourd'hui : quels vertigineux progrès !
Dans la Bible, la parole de Dieu suffit à créer les éléments de l'univers. Les premiers hommes parlent tous la même langue et s'entendent si bien qu'ils parviennent à élever une immense tour, presque jusqu'au ciel ! Ne souhaitant pas que les humains se rapprochent ainsi de lui, Dieu sème la confusion parmi eux en multipliant les langues (**texte 17**).
Chez les Inuits[2], qui vivent près de l'océan Arctique, les mythes racontent que les mots prononcés par des animaux ont un pouvoir magique (**texte 18**). Enfin, un conte des Amérindiens[3] winnebagos décrit comment un dieu a doté les humains de l'organe de la langue puis de la parole (**texte 19**).

---

1. ***Homo sapiens*** : voir note 3, p. 9.
2. ***Inuits*** : voir note 4, p. 15.
3. ***Amérindiens*** : Indiens d'Amérique.

Texte 17 : La Bible (la tour de Babel)

Babel est le nom hébreu [1] de Babylone [2], ancienne cité de Mésopotamie (l'actuel Irak). Selon la Bible, la nouvelle humanité, issue des trois fils de Noé après le Déluge, repeuple la Terre et décide de construire une immense tour « dont le sommet touche le ciel » pour se rapprocher de Dieu. Cette ambition paraît trop orgueilleuse à Dieu, qui imagine alors un moyen de remettre les hommes à leur place...

[La multiplication des langages]

Toute la Terre avait une seule langue et les mêmes mots. Les hommes dirent :

« Allons ! bâtissons-nous une ville et une tour dont le sommet touche au ciel, et faisons-nous un nom, afin que nous ne soyons pas dispersés sur la face de toute la Terre. »

L'Éternel [3] descendit pour voir la ville et la tour que bâtissaient les fils des hommes. Et l'Éternel dit :

« Voici, ils forment un seul peuple et ont tous une même langue, et c'est là ce qu'ils ont entrepris [4] ; maintenant, rien ne les empêcherait de faire tout ce qu'ils auraient projeté. Allons ! descendons, et là confondons [5] leur langage, afin qu'ils n'entendent plus [6] la langue les uns des autres. »

Et l'Éternel les dispersa loin de là sur la face de toute la Terre : et ils cessèrent de bâtir la ville. C'est pourquoi

---

1. ***Hébreu*** : langue parlée par les Hébreux, peuple du Proche-Orient considéré comme l'ancêtre du peuple juif.
2. ***Babylone*** : voir note 2, p. 11.
3. ***L'Éternel*** : Dieu.
4. ***Ce qu'ils ont entrepris*** : ce qu'ils ont commencé à faire.
5. ***Confondons*** : mélangeons.
6. ***N'entendent plus*** : ne comprennent plus.

on l'appela du nom de Babel, car c'est là que l'Éternel confondit le langage de toute la Terre, et c'est là que l'Éternel dispersa [les hommes] sur la face de toute la Terre.

La Bible, trad. Louis Segond, Genèse, **11**, 1-9.

Texte 18 : « Le lièvre crée la lumière » (conte inuit)

Les Inuits sont un peuple des terres arctiques[1], longtemps appelés les « Esquimaux ». Dans les vastes régions qu'ils occupent, on parle quatre groupes de langues. Elles sont différentes mais compréhensibles pour chaque Inuit.

La religion des Inuits est fondée sur la croyance en des forces surnaturelles, comme l'esprit des animaux abattus. Les mots ont également parfois un pouvoir magique – un thème que l'on retrouve dans de nombreux contes ou récits, et jusque dans les histoires du célèbre sorcier Harry Potter imaginées par J. K. Rowling !

[L'action magique des mots]

Au commencement, la lumière n'éclairait pas la Terre. L'obscurité était totale : on ne distinguait[2] ni les paysages ni les animaux. Pourtant, les hommes et les animaux vivaient bien sur Terre, mais il n'existait aucune différence entre eux. Ils formaient une seule communauté : une personne pouvait devenir un animal, et un animal pouvait devenir une personne. Il y avait des loups, des ours et des

1. ***Terres arctiques*** : voir note 3, p. 15.
2. ***Distinguait*** : voir note 1, p. 77.

renards, mais dès qu'ils se changeaient en humains, ils devenaient tous semblables. Peut-être avaient-ils des habitudes différentes, mais tous parlaient la même langue, vivaient dans la même maison, parlaient et chassaient de la même manière.

C'est ainsi qu'ils vécurent sur Terre à l'aube des temps, une époque que personne ne peut se représenter de nos jours. C'est à cette époque, aussi, que les mots magiques firent leur apparition. Un mot prononcé par hasard pouvait soudainement devenir tout-puissant : les désirs prenaient vie, sans que l'on ne comprenne comment ni pourquoi.

De cette époque, lorsque tout le monde vivait ensemble et que l'on était indifféremment un homme ou une bête, il nous est resté une conversation entre un renard et un lièvre :

«*tA'q-tA'q-tA'q!* Obscurité, obscurité, obscurité», dit le renard, qui aimait l'obscurité car il pouvait voler de quoi manger dans les caches des humains.

«*uƀlɔg-uƀlɔq-uƀlɔq!* Jour, jour, jour», dit le lièvre, qui préférait la lumière du jour pour trouver sa nourriture.

Tout à coup, advint ce que le lièvre avait souhaité : ses mots étaient devenus tout-puissants. Le jour venait et chassait la nuit, et quand la nuit se dissipait, le jour venait à nouveau. Et c'est ainsi que la lumière et l'obscurité se succédèrent.

Knud Rasmussen, *Les Esquimaux Netsilik : vie sociale et spiritualité* (*The Netsilik Eskimos, Social Life and Spiritual Culture*),
Gyldenalske Boghandel, 1931,

Texte 19 : « Les Fragments de sa chair » (conte amérindien[1])

Le Wisconsin est un État du nord des États-Unis d'Amérique. Les Winnebagos, qui y vivent, sont un peuple autochtone[2] proche des Sioux, dont ils parlent la langue. Les Français qui s'installèrent sur leur territoire au XVIIe siècle établirent des rapports avec eux.

Selon les Winnebagos, le Grand Esprit a créé le monde puis les humains à partir de sa propre chair, un thème fréquent dans les récits de création (voir texte 14, p. 75-78 et texte 16, p. 82-85). Dans le conte qui suit, le Grand Esprit se sent seul et essaie de parler avec l'homme et la femme qu'il a créés : en vain ! Ces derniers sont incapables de lui répondre...

[La création du monde, des humains et du langage]

Le Grand Esprit, s'éveillant d'un rêve, se trouva assis sur une chaise. Bien que la position fût confortable, même pour une éternité, il éprouva sa solitude. [...]

L'émotion s'emparant de lui, ses yeux se noyèrent de larmes, qui coulèrent à ses pieds et formèrent rapidement une flaque brillante. En tombant, elles avaient formé les eaux, lesquelles, emportées par une oscillation[3], devinrent la mer que nous continuons de voir aujourd'hui.

Se reprenant à rêver, le Grand Esprit souhaita que la terre fût, et la terre s'étendit en long et en large sur les

1. ***Amérindien*** : voir note 3, p. 87.

2. ***Autochtone*** : originaire du pays qu'il habite (contrairement aux peuples établis sur des territoires après les avoir conquis ou colonisés).

3. ***Oscillation*** : voir note 6, p. 68.

flots. Cependant, à l'image même des vagues toujours en mouvement, elle était mouvante[1]. Alors, afin de la maintenir en place, il créa les arbres, il créa les rochers. Comme la terre continuait de chavirer, il fixa les quatre directions sacrées. À chaque point, comme s'il se fût agi de tendre une amarre[2], il fit paraître un serpent d'une taille considérable, dont seule la tête émergeait. Alors le monde s'immobilisa et tout devint paisible.

Prenant alors un fragment de sa chair, et le mêlant à une poignée de terre, le Grand Esprit créa le premier des hommes ; ensuite, usant du même procédé, il fit la première des femmes. Il les considéra avec satisfaction. Mais, éprouvant aussitôt son effroyable solitude, comme dans un retour de vagues, il s'adressa à eux, sans obtenir de réponse. Les examinant de près, il s'aperçut qu'ils n'avaient pas d'esprit, et il leur insuffla[3] l'esprit. Les examinant plus attentivement encore, alors qu'ils restaient interdits[4], il constata qu'ils n'avaient pas de langue, et il les pourvut[5] d'une langue ; il la fit tournoyer dans l'obscurité de la bouche, comme s'il devait vérifier son extrême souplesse, sa belle vivacité.

Dans l'impatience de recevoir ne serait-ce qu'un écho, il s'adressa de nouveau au couple, et obtint cette fois un long sifflement rauque. Mais on eût dit que le couple, sans en avoir vraiment la capacité, tentait de communiquer à

---

1. ***Mouvante*** : en mouvement.
2. ***Amarre*** : grosse corde pour retenir les navires par exemple.
3. ***Insuffla*** : donna en soufflant.
4. ***Interdits*** : très étonnés.
5. ***Pourvut*** : voir note 4, p. 44.

tout prix avec lui alors que leurs voix se déchiraient dans un frouement[1] sonore.

Il prit alors conscience qu'il ne les avait pas dotés d'une âme, et il leur en glissa une, comme un feu subtil, dans la chair. Le couple bredouilla aussitôt quelque chose de manière précipitée. Ce fut une brève émission de sons brisés, un balbutiement[2], un marmottement[3]. En dernier recours, le Grand Esprit leur souffla dans la bouche, et le premier des hommes et la première des femmes lui répondirent.

La création du monde et des hommes, selon les Winnebagos du Wisconsin.

Jean-Pierre Otte, *Les Mythes de la création*,

---

1. ***Frouement*** : cri de la chouette.
2. ***Balbutiement*** : parole prononcée de façon très hésitante.
3. ***Marmottement*** : murmure, parole qu'on entend à peine.

■ *Scène du Déluge*, dessin de Gustave Doré et gravure sur bois d'Adolphe François Pannemaker (1866), collection privée.

« Les eaux grossirent de plus en plus, et toutes les hautes montagnes qui sont sous le ciel en furent recouvertes. » (La Bible, Genèse, p. 105). Gustave Doré illustre ici une scène marquante de l'Ancien Testament. Sa maîtrise du clair-obscur (opposition de la lumière et de l'ombre) met en valeur le tragique de la scène. On aperçoit un tigre et des hommes qui tentent de sauver leurs enfants du déchaînement des eaux.

TROIS REPRÉSENTATIONS DU PARADIS

Le paradis, décrit dans des textes sacrés comme la Bible, a souvent été représenté par les artistes. Nourris de l'imaginaire qui lui est associé, ils peignent dans leurs œuvres un monde idéal qui a pris différentes formes selon les époques.

Photo © BPK, Berlin, Dist. RMN-Grand Palais / Hans-Peter Kiut

« Puis l'Éternel Dieu planta un jardin en Éden, du côté de l'Orient, et il y mit l'homme qu'il avait formé. »
(La Bible, Genèse, p. 56)

Lucas Cranach l'Ancien, *Le Paradis terrestre* (1530), Dresde (Allemagne), galerie de peinture des Vieux Maîtres.
Lucas Cranach représente un paradis dans lequel tous les animaux (même légendaires) vivent en harmonie. Au centre, Adam et Ève écoutent la parole de Dieu qui semble leur montrer l'arbre défendu (voir texte 9, p. 56). Cinq scènes de la Genèse sont figurées à l'arrière-plan : la naissance d'Adam, celle d'Ève, le serpent qui propose le fruit défendu à Ève, celle-ci le donnant à Adam, puis leur expulsion du paradis.

Photo © RMN-Grand Palais (musée du Louvre) / image RMN-GP

Atelier de Paul de Vos, *Le Paradis terrestre* (vers 1653), Paris, musée du Louvre.
Dans ce tableau, le paradis terrestre (le jardin d'Éden) se caractérise par la beauté des animaux et par la paisible atmosphère qui s'en dégage. Toutefois, on observe des éléments qui annoncent la rupture de cet équilibre : le lion se lèche les babines en observant les deux oiseaux et le chat semble prêt à bondir sur sa proie.

Marc Chagall, *Le Paradis* (1961), Nice, musée national Marc Chagall.
Marc Chagall offre une vision intime du paradis, où les tons de bleu et de vert évoquent une nature peuplée d'animaux étranges. Ce tableau comporte deux scènes : à gauche, la naissance d'Ève, qui émerge d'un nuage blanc au-dessus d'Adam, assis en tailleur et montrant sa côte ; à droite, l'épreuve de la tentation, avec le couple à trois jambes qui partage le fruit défendu. Un ange blanc le survole mais un serpent dresse sa silhouette menaçante.

LE DÉLUGE ET L'HUMANITÉ SAUVÉE

La destruction et la renaissance de la vie sur Terre, qui font l'objet de nombreux récits, offrent des scènes très fortes visuellement: le désordre du Déluge est aussi source d'une certaine forme de beauté. Symbole de la mort autant que du renouveau, sa représentation crée un sentiment d'admiration ou d'inquiétude chez l'observateur.

Walter Crane, *Les Chevaux de Neptune* (1892), Munich (Allemagne), Nouvelle Pinacothèque.

Comme le décrit Ovide dans ses *Métamorphoses*, Neptune, le dieu de la Mer, vient en aide à son frère Jupiter et déclenche le Déluge. Ici, le dieu à la longue chevelure dirige de son trident ses chevaux divins aux sabots palmés, qui prolongent la vague et forment un vaste rouleau, à la fois majestueux et dangereux pour l'homme.

"La colère de Jupiter ne se limitait pas au ciel sur lequel il régnait: son frère à la sombre chevelure bleue l'aidait de ses eaux secourables. […] Celui-ci frappa de son trident la terre qui vibra et ouvrit des routes aux eaux." (Ovide, *Les Métamorphoses*, p. 100)

Vassily Kandinsky, *Improvisation: le Déluge* (1913), Munich (Allemagne), Städtische Galerie im Lenbachhaus.

Vassily Kandinsky est considéré comme l'un des créateurs de l'art abstrait (art qui ne cherche pas à représenter la réalité de manière fidèle). Il nomme ces œuvres surgies de son imagination des «improvisations», à l'image de cette représentation du Déluge où se mêlent des couleurs et des formes qui évoquent un désordre coloré et joyeux.

© Bridgeman Images

Simon de Myle, *L'Arche de Noé sur le mont Ararat* (1570), collection privée.

Simon de Myle représente, avec un grand sens du détail, le débarquement de l'arche à la fin du Déluge. Il peint des animaux domestiques et sauvages (un perroquet, des rhinocéros…), mais aussi des bêtes légendaires comme une licorne, pour donner un tableau complet de la vie animale.

© Jaime Acioli

“Ils s'éloignèrent, voilèrent leur tête, dénouèrent la ceinture de leur tunique et lancèrent, selon l'ordre donné, des cailloux derrière leurs pas.”

(Ovide, *Les Métamorphoses*, p. 102-103)

Giovanni Maria Bottalla, *Deucalion et Pyrrha* (vers 1635), Rio de Janeiro (Brésil), musée national des Beaux-Arts.

Sur ce tableau sont représentés Deucalion et Pyrrha. La scène a lieu après le Déluge, auquel le couple a survécu. Thémis, déesse de la Justice, leur ordonne alors de jeter derrière eux les os de leur grande mère. Deucalion comprend qu'il s'agit en réalité de jeter des pierres, qui sont les os de la Terre, la Mère universelle ; ils vont ainsi repeupler le monde. G. M. Bottalla a choisi de peindre le moment précis du mythe où les pierres se transforment en êtres humains.

V. Destruction et renaissance du monde

Les récits sur la création du monde sont nombreux, tout comme ceux qui racontent sa destruction. Celle-ci est souvent le fait des hommes qui, trop orgueilleux ou mauvais, provoquent la colère des dieux. Les dieux les punissent alors en détruisant le monde pour le repeupler d'êtres meilleurs. Le plus souvent, c'est un déluge[1] qui recouvre la terre de ses eaux et noie ses habitants, sauf quelques élus qui ont la vie sauve pour assurer la continuité de l'humanité. Ces récits de déluge viennent de diverses régions du monde : ils sont sans doute inspirés de cataclysmes[2] ayant réellement eu lieu.

L'Épopée de Gilgamesh, venue de Mésopotamie (voir **texte 2**, p. 32-35), est le premier de ces récits : ce texte antique raconte comment le Déluge a submergé le monde et comment l'humanité a été sauvée grâce à une arche[3] (**texte 20**). La mythologie romaine décrit le même cataclysme, cette fois provoqué par Jupiter[4] et son frère Neptune[5], qui ne laissent que deux survivants pour peupler de

1. ***Déluge*** : voir note 4, p. 17.
2. ***Cataclysmes*** : voir note 2, p. 10.
3. ***Une arche*** : ici, un navire.
4. ***Jupiter*** : équivalent de Zeus chez les Romains (voir note 2, p. 13).
5. ***Neptune*** : équivalent de Poséidon chez les Romains. Il est le dieu de la Mer et des Océans, qui peut soulever des tempêtes et faire trembler la Terre.

nouveau la Terre d'une bien étrange façon (**texte 21**). Dans la Bible et dans le Coran, le Déluge est provoqué par Dieu ; c'est Noé qui, grâce à son arche, sauve la vie humaine et animale (**textes 22 et 23**).
Le conteur français Marcel Aymé reprend des siècles plus tard le mythe du Déluge sur un ton plus léger et plus amusant, dans l'un de ses fameux *Contes bleus du chat perché*. Dans ce récit, deux fillettes ont l'idée de jouer à l'arche de Noé : leur jeu aura une conséquence très inattendue (**texte 24**)...

Texte 20 : *L'Épopée de Gilgamesh*

Bien avant la Bible et le Coran, *L'Épopée de Gilgamesh*, célèbre légende mésopotamienne écrite sur des tablettes d'argile aux alentours de 1200 avant notre ère, raconte déjà l'histoire d'un terrible déluge qui s'abat sur le monde comme punition divine.
Le roi Gilgamesh voit mourir son ami Enkidou (voir **texte 2**, p. 32-35). Catastrophé par la perte de son ami et terrifié par la mort, il cherche le secret de l'immortalité et rencontre le seul être immortel au monde : Outa-napishti. Ce dernier narre à Gilgamesh comment il a été sauvé du Déluge divin grâce aux conseils d'Éa, dieu des eaux douces.

[La terre noyée sous les eaux du ciel]

[Éa dit à Outa-napishti :] « Voici ce que tu vas faire. Commence par démolir ton palais et récupères-en le bois. [...] Utilise-le pour construire ton refuge : une arche[1], en

---

1. ***Arche*** : voir note 3, p. 95.

forme de cube, de soixante mètres d'arête[1]. Répartis sa hauteur sur sept étages, autour d'un mât[2] central qui servira de support. Aménage neuf chambres par niveau où tu entreposeras tout ce qu'il te faut pour vivre, à ta femme et à toi. Ensuite, attends mon signal. [...] La fin du monde est proche. »

Tu[3] imagines mon trouble, après une telle révélation ! ajoute Outa-napishti. Mais pas un instant je n'ai douté de mon dieu et j'ai suivi tous ses conseils, sans le moindre regret. [...] Je compris ainsi l'intention d'Éa. Il me confiait, à moi, la mission de faire naître de l'épreuve une nouvelle humanité. [...]

Posément[4], je fis le tour de mon royaume. Je visitai mes troupeaux et mes parcs animaliers. J'y prélevai un couple de chaque espèce domestique et sauvage. Je les installai dans tous les compartiments de l'arche [...]. Puis je fis monter mon épouse bien-aimée. Je refermai l'écoutille[5] sur nous et la calfeutrai[6] soigneusement, avec de la filasse[7] et du goudron.

Le compte à rebours était lancé. Nous attendions le grand commencement.

Tout se figea soudain. Les bêtes et les choses savaient et se taisaient. Alors un choc sourd, au fin fond de l'espace,

1. ***Arête*** : côté.
2. ***Mât*** : poteau en bois sur un bateau, sur lequel on fixe les voiles.
3. ***Tu*** : Outa-napishti parle à Gilgamesh.
4. ***Posément*** : calmement.
5. ***Écoutille*** : ouverture dans le pont d'un navire pour accéder aux étages inférieurs.
6. ***Calfeutrai*** : bouchai.
7. ***Filasse*** : tissu fait de végétaux.

fracassa les digues[1] du ciel et toutes ses réserves d'eau douce roulèrent en grondant, déchiquetèrent la voûte céleste et s'abattirent sur la terre.

Les villes furent balayées d'un coup et les hommes, hachés comme de la paille. Rien ne résista. Tout fut broyé, battu, liquéfié[2]. La nuit noircissait le monde, et les épées de la pluie saignaient l'obscurité à blanc[3].

Même les dieux étaient terrifiés par ce qu'ils avaient provoqué. Ils en avaient perdu le contrôle et Déluge, tel un jeune monstre, n'obéissait qu'à lui-même et s'en donnait à cœur joie.

L'arche résistait bien. La crue[4] l'avait emportée et elle dérivait, bercée par le flot du nouvel océan.

Mon heure était venue. [...] Dans chaque loge[5], je recueillais la peur, la cruauté, la fourberie[6], la panique, la brutalité, la soumission. En échange, j'offrais des contraires : la confiance, la bonté, la franchise, le calme, la douceur, l'indépendance. [...] J'accomplissais ainsi la mission confiée par Éa : enfanter une vie nouvelle qui, peu à peu, se rassemblait dans mon cœur.

Lorsque j'eus terminé, je fis sauter l'écoutille et sortis à l'air libre. Dehors, un océan jaune s'étendait à perte de vue et des montagnes, çà et là, crevaient les eaux[7] et pointaient leurs doigts vers le ciel. [...]

---

1. ***Digues*** : constructions qui empêchent les eaux de déborder.
2. ***Liquéfié*** : rendu liquide.
3. ***Saignaient l'obscurité à blanc*** : transperçaient complètement l'obscurité.
4. ***Crue*** : montée des eaux.
5. ***Loge*** : compartiment du navire, pièce.
6. ***Fourberie*** : tromperie.
7. ***Crevaient les eaux*** : dépassaient de l'eau.

[Outa-napishti envoie une colombe puis une hirondelle pour annoncer qu'une vie nouvelle est prête à se développer. Les deux oiseaux reviennent à l'arche.]

Enfin, je libérai un corbeau en lui disant :

« Tu es robuste et perspicace[1]. Va ! Trouve un rivage et installe-toi sur la terre. »

Le corbeau reprit sa liberté et ne revint jamais.

Peu après, mon vaisseau s'échoua sur une rive. [...] Arrivé à terre, je dressai un bûcher[2] pour remercier les dieux. Roseau, cèdre[3], myrte[4]. Le parfum de la fumée les surprit et ils arrivèrent en se bousculant pour avoir l'explication de ce mystère.

« Des hommes ! s'exclamèrent-ils. Il en reste donc ! Hourra ! Rien n'est perdu ! »

Jacques Cassabois, *Le Premier Roi du monde. L'Épopée de Gilgamesh*,
© Le Livre de Poche Jeunesse, 2004.

Texte 21 : Ovide, *Les Métamorphoses*

Dans la mythologie romaine, le dieu Jupiter règne sur la Terre et le ciel, sur les dieux et sur les êtres vivants. Selon Ovide, Jupiter décide un jour, avec l'aide de son frère Neptune, dieu de la Mer, d'anéantir les humains qu'il juge mauvais et pleins

1. ***Perspicace*** : intelligent, futé.
2. ***Bûcher*** : tas de bois qui sert à faire un feu.
3. ***Cèdre*** : arbre au bois parfumé.
4. ***Myrte*** : arbuste à l'odeur agréable.

de vices[1]. Jupiter ne sauve du Déluge que deux êtres : Deucalion, fils de Prométhée, et son épouse Pyrrha. Ils sont donc épargnés comme Noé et sa famille le sont par Dieu dans la Bible.

[Les flots emportent tout]

Aussitôt il[2] enferma l'Aquilon[3] dans les grottes d'Éole[4] et tous les vents qui font fuir l'étendue des nuages, puis il fit sortir le Notus[5]. Le Notus s'envola avec ses ailes mouillées et son visage, recouvert d'un sombre brouillard, était terrifiant. Sa barbe était lourde de pluie, l'eau coulait de sa blanche chevelure, des brumes recouvraient son front, ses plumes et son poitrail[6] ruisselaient. Et quand, de sa large main, il pressa les nuages, un fracas retentit. Ensuite, des pluies abondantes furent déversées par le ciel. La messagère de Junon, Iris[7], revêtue de couleurs variées, absorbait les eaux et en alimentait les nuages. [...] La colère de Jupiter ne se limitait pas au ciel sur lequel il régnait : son frère à la sombre chevelure bleue[8] l'aidait de ses eaux secourables. [...] Celui-ci frappa de son trident[9] la terre qui vibra et ouvrit des routes aux eaux. Les fleuves, en débordant, s'élancèrent à travers l'étendue des plaines,

1. ***Vices*** : graves défauts.
2. ***Il*** : Jupiter.
3. ***Aquilon*** : vent du nord.
4. ***Éole*** : dieu des Vents.
5. ***Notus*** : vent du sud. Tous ces vents sont des dieux.
6. ***Poitrail*** : torse.
7. ***Iris*** : déesse de l'Arc-en-ciel.
8. ***Son frère à la sombre chevelure bleue*** : il s'agit de Neptune, dieu des Mers.
9. ***Trident*** : fourche à trois dents, arme de Neptune (voir note 5, p. 95).

emportant les récoltes, les arbres, les troupeaux, les hommes et l'intérieur des demeures avec leurs objets sacrés. [...] Et à l'endroit où naguère les chèvres graciles [1] broutaient l'herbe, des phoques hideux avaient désormais élu domicile. Les Néréides [2], qui vivent sous l'eau, voyaient avec étonnement des bois, des villes et des maisons. Les dauphins peuplaient les forêts, se cognaient aux hautes branches et faisaient balancer les chênes en les heurtant. Les loups nageaient parmi les brebis, et les flots transportaient lions fauves et tigres. La force foudroyante du sanglier lui était devenue inutile, tout comme les pattes rapides au cerf que le courant emporte. Après avoir longtemps cherché une terre où se poser, l'oiseau aux ailes fatiguées tombait dans la mer. La mer, dans sa démesure [3], recouvrait les hauteurs et des flots nouveaux battaient les sommets montagneux. La majeure partie des êtres avait été emportée par les flots ; un long jeûne [4] fit périr, par manque de nourriture, ceux que l'onde [5] avait épargnés.

[Deux survivants : Deucalion et Pyrrha]

[Voyant le monde recouvert par les eaux, Jupiter décide de mettre fin au Déluge, avec l'aide de son frère Neptune. Il sauve ainsi Deucalion et Pyrrha, êtres vertueux [6] et respectueux des dieux.]

---

1. ***Graciles*** : minces et gracieuses.
2. ***Néréides*** : les jeunes filles de la mer, filles du dieu marin Nérée.
3. ***Démesure*** : exagération, excès.
4. ***Jeûne*** : privation de nourriture.
5. ***Onde*** : eau.
6. ***Vertueux*** : bons, qui ont des qualités morales.

La mer n'était plus en colère. Le maître des flots [1], après avoir déposé son trident, calma les eaux, appela Triton [2], le dieu bleu qui se tient au-dessus des mers, couvert de coquillages nés de ses épaules, et lui ordonna de souffler dans sa conque [3] sonore et de rappeler à l'instant, à ce signal donné, les flots et les fleuves. [...]

[Le Déluge a cessé mais la terre est vide et dévastée. Deucalion et Pyrrha, désespérés, se rendent au temple de Thémis, déesse de la Justice (ou de la Loi), et la prient à genoux.]

La déesse, émue, rendit cet oracle [4] : « Quittez le temple, voilez votre tête, dénouez la ceinture de vos vêtements et jetez derrière votre dos les os de votre grande mère. » Ils furent longtemps frappés de stupeur et Pyrrha rompit le silence la première. Refusant d'obéir aux ordres de la déesse, elle lui demanda, d'une voix tremblante, son pardon car elle avait peur d'outrager [5] le spectre [6] de sa mère en jetant ses os. [...]

[Deucalion trouve le sens de l'oracle : la grande mère est la terre, mère de tous les humains, et ses os sont les pierres.]

Ils s'éloignèrent, voilèrent leur tête, dénouèrent la ceinture de leur tunique et lancèrent, selon l'ordre donné, des

---

1. ***Le maître des flots*** : il s'agit de Neptune.
2. ***Triton*** : dieu marin, fils de Neptune, représenté sous la forme d'un immense poisson à buste d'homme.
3. ***Conque*** : grand coquillage.
4. ***Oracle*** : ici, réponse de la divinité aux questions qui lui sont posées.
5. ***Outrager*** : ne pas respecter.
6. ***Spectre*** : ombre, fantôme ; Pyrrha croit qu'il faut déterrer les os de sa mère morte.

cailloux derrière leurs pas. Ces roches (qui croirait cela, si l'antique tradition n'en portait témoignage ?) commencèrent à perdre de leur dureté et de leur solidité, à s'amollir lentement et à prendre forme, une fois ramollies. Quand elles eurent grandi et pris une nature plus douce, on pouvait leur trouver une certaine apparence humaine [...]. Puis, en un court instant, par la volonté des dieux d'en haut, les pierres lancées par la main de l'homme prirent un aspect masculin et celles lancées par la femme un aspect féminin. C'est pourquoi nous sommes une espèce dure, habituée aux travaux pénibles, et nous démontrons de quelle origine nous sommes nés.

Ovide, *Les Métamorphoses*, © Catherine Klein pour la traduction, Livre I, v. 262-312 et v. 330-415.

Texte 22 : La Bible (le Déluge)

Adam, le premier homme de la Bible (voir **texte 9**, p. 56-59), est l'ancêtre d'une descendance d'hommes : les patriarches[1] antédiluviens (qui ont vécu « avant le Déluge »). Ils bénéficient d'une vie très longue. Le dernier de ces patriarches est Noé, qui vit à une époque où les hommes ne respectent plus Dieu. Dieu conçoit alors un terrible projet pour punir l'humanité.

[L'arche[2] de Noé]

L'Éternel[3] vit que la méchanceté des hommes était grande sur la terre, et que toutes les pensées de leur cœur

1. ***Patriarches*** : ancêtres bibliques.
2. ***Arche*** : voir note 3, p. 95
3. ***L'Éternel*** : voir note 3, p. 88.

se portaient chaque jour uniquement vers le mal. L'Éternel se repentit[1] d'avoir fait l'homme sur la terre, et il fut affligé[2] en son cœur. Et il dit :

« J'exterminerai de la face de la terre l'homme que j'ai créé, depuis l'homme jusqu'au bétail, aux reptiles, et aux oiseaux du ciel ; car je me repens de les avoir faits. »

Mais Noé trouva grâce[3] aux yeux de l'Éternel. Noé était un homme juste et intègre[4] dans son temps ; Noé marchait avec Dieu. Alors Dieu dit à Noé :

« Pour moi, la fin de toute chair est arrivée[5] ! Car les hommes ont rempli la terre de violence ; voici, je vais les détruire avec la terre. Fais-toi une arche de bois. Moi, je vais faire venir le déluge d'eaux sur la terre, pour détruire toute chair ayant souffle de vie sous le ciel ; tout ce qui est sur la terre périra. Mais j'établis mon alliance avec toi : tu entreras dans l'arche, toi et tes fils, ta femme et les femmes de tes fils avec toi. De tout ce qui vit, de toute chair, tu feras entrer dans l'arche deux de chaque espèce, pour les conserver en vie avec toi : il y aura un mâle et une femelle. Et toi, prends de tous les aliments que l'on mange, et fais-en une provision auprès de toi, afin qu'ils te servent de nourriture ainsi qu'à eux. »

C'est ce que fit Noé : il exécuta tout ce que Dieu lui avait ordonné.

Sept jours après, les eaux du déluge furent sur la terre. L'an six cent de la vie de Noé, le second mois, le dix-septième jour du mois, en ce jour-là toutes les sources du

1. ***Se repentit*** : regretta.
2. ***Affligé*** : attristé.
3. ***Trouva grâce*** : ne fut pas condamné.
4. ***Intègre*** : honnête.
5. ***La fin de toute chair est arrivée*** : les êtres doivent mourir.

grand abîme[1] jaillirent, et les écluses des cieux s'ouvrirent. La pluie tomba sur la terre quarante jours et quarante nuits.

Ce même jour entrèrent dans l'arche Noé, Sem, Cham et Japhet, fils de Noé, la femme de Noé et les trois femmes de ses fils ; avec eux entrèrent tous les animaux selon leur espèce[2], tout le bétail selon son espèce, tous les reptiles qui rampent sur la terre selon leur espèce, tous les oiseaux selon leur espèce, tous les petits oiseaux, tout ce qui a des ailes. Ils entrèrent dans l'arche auprès de Noé, deux à deux, de toute chair ayant souffle de vie.

Les eaux crûrent[3] et soulevèrent l'arche, et elle s'éleva au-dessus de la terre. Les eaux grossirent de plus en plus, et toutes les hautes montagnes qui sont sous le ciel en furent recouvertes. Les eaux s'élevèrent de quinze coudées[4] au-dessus des montagnes, qui furent recouvertes. Tout ce qui se mouvait[5] sur la terre périt, tant les oiseaux que le bétail et les animaux, tout ce qui rampait sur la terre, et tous les hommes. Tous les êtres qui étaient sur la face de la terre furent exterminés, depuis l'homme jusqu'au bétail, aux reptiles et aux oiseaux du ciel : ils furent exterminés de la terre. Il ne resta que Noé, et ce qui était avec lui dans l'arche.

---

1. *Abîme* : voir note 5, p. 13.
2. *Selon leur espèce* : voir note 3, p. 53.
3. *Crûrent* : montèrent.
4. *Coudées* : ancienne mesure de longueur (50 centimètres).
5. *Se mouvait* : voir note 5, p. 52.

[L'alliance]

[Le Déluge dure quarante jours puis Dieu permet que les eaux se retirent afin que vivent Noé et tous les êtres de l'arche. L'Éternel peut alors conclure une alliance avec la nouvelle humanité.]

Au bout de quarante jours, Noé ouvrit la fenêtre qu'il avait faite à l'arche. Il lâcha le corbeau, qui sortit, partant et revenant, jusqu'à ce que les eaux eussent séché sur la terre. Il lâcha aussi la colombe, pour voir si les eaux avaient diminué à la surface de la terre. Mais la colombe ne trouva aucun lieu pour se poser, et elle revint à lui dans l'arche, car il y avait des eaux à la surface de toute la terre. Il avança la main, prit [la colombe], et la fit rentrer auprès de lui dans l'arche. Il attendit encore sept autres jours, et il lâcha de nouveau la colombe hors de l'arche. La colombe revint à lui sur le soir : une feuille d'olivier arrachée était dans son bec. Noé sut ainsi que les eaux avaient diminué sur la terre. Il attendit encore sept autres jours ; et il lâcha la colombe. Mais elle ne revint plus à lui.

Alors Dieu parla à Noé, en disant :

« Sors de l'arche, toi et ta femme, tes fils et les femmes de tes fils avec toi. Fais sortir avec toi tous les animaux de toute chair qui sont avec toi, tant les oiseaux que le bétail et tous les reptiles qui rampent sur la terre : qu'ils se répandent sur la terre, qu'ils soient féconds[1] et se multiplient sur la terre. »

---

1. ***Féconds*** : voir note 3, p. 54.

Et Noé sortit, avec ses fils, sa femme, et les femmes de ses fils. Tous les animaux, tous les reptiles, tous les oiseaux, tout ce qui se meut[1] sur la terre, selon leurs espèces, sortirent de l'arche. Noé bâtit un autel[2] à l'Éternel ; il prit de toutes les bêtes pures et de tous les oiseaux purs[3], et il offrit des holocaustes[4] sur l'autel.

L'Éternel sentit une odeur agréable, et l'Éternel dit en son cœur : « Je ne maudirai plus la terre, à cause de l'homme, parce que les pensées du cœur de l'homme sont mauvaises dès sa jeunesse ; et je ne frapperai plus tout ce qui est vivant, comme je l'ai fait. Tant que la terre subsistera, les semailles[5] et la moisson, le froid et la chaleur, l'été et l'hiver, le jour et la nuit ne cesseront point. »

Dieu bénit[6] Noé et ses fils, et leur dit :

« Soyez féconds, multipliez-vous, et remplissez la terre. Vous serez un sujet de crainte et d'effroi pour tout animal de la terre, pour tout oiseau du ciel, pour tout ce qui se meut sur la terre, et pour tous les poissons de la mer : ils sont livrés entre vos mains. Tout ce qui se meut et qui a vie vous servira de nourriture : je vous donne tout cela comme l'herbe verte. Seulement, vous ne mangerez point de chair avec son âme, avec son sang[7]. Voici, j'établis mon

---

1. ***Se meut*** : voir note 5, p. 52.
2. ***Autel*** : table de pierre sur laquelle on offrait des sacrifices.
3. ***De toutes les bêtes pures et de tous les oiseaux purs*** : pour les sacrifices, il fallait utiliser des animaux sans défauts.
4. ***Holocaustes*** : sacrifices où l'on brûlait la victime tout entière.
5. ***Semailles*** : grains que l'on sème dans la terre.
6. ***Bénit*** : voir note 2, p. 54.
7. ***Avec son âme, avec son sang*** : selon la Bible, la vie et l'âme se trouvent dans le sang.

alliance avec vous et avec votre postérité [1] après vous ; et il n'y aura plus de déluge pour détruire la terre. C'est ici le signe de l'alliance que j'établis entre moi et vous, et tous les êtres vivants qui sont avec vous, pour les générations à toujours : j'ai placé mon arc [2] dans la nue [3], et il servira de signe d'alliance entre moi et la terre. [...] »

Noé vécut, après le déluge, trois cent cinquante ans. Tous les jours de Noé furent de neuf cent cinquante ans ; puis il mourut. Ce sont des fils de Noé que sont sorties les nations qui se sont répandues sur la terre après le déluge.

La Bible, trad. Louis Segond,
Genèse, **6**, 5 à **7**, 23 et **8**, 6 à **10**, 1.

Texte 23 : Le Coran (le Déluge)

Dans le Coran, livre sacré de l'islam (voir **texte 10**, p. 60-62), Noé est un prophète [4] qui invite son peuple à ne croire qu'en un seul dieu, mais les hommes ne l'écoutent pas. Pour les punir, Dieu (Allah) décide de les engloutir en déclenchant un déluge destructeur. Il épargne toutefois Noé, à qui il demande de faire monter sur son navire ceux qui auront la vie sauve. Ainsi, le récit du Déluge et de l'arche [5] de Noé figure dans le Coran comme dans la Bible.

1. ***Postérité*** : enfants, descendance.
2. ***Arc*** : arc-en-ciel.
3. ***Nue*** : nuage.
4. ***Prophète*** : voir note 2, p. 52.
5. ***Arche*** : voir note 3, p. 95.

[Des vagues hautes comme des montagnes]

Il fut révélé à Noé :
«Nul parmi ton peuple ne croit,
à part celui qui croyait déjà.
Ne t'attriste pas de ce qu'ils font.

Construis le vaisseau sous nos yeux
et d'après notre révélation.
Ne me parle plus des injustes,
ils vont être engloutis». [...]

Nous avons dit,
lorsque vint notre Ordre
et que le four[1] se mit à bouillonner :
«Charge sur ce vaisseau un couple de chaque espèce;
et aussi ta famille
– à l'exception de celui dont le sort est déjà fixé[2] –
et aussi les croyants».
– Mais ceux qui partageaient la foi de Noé étaient
peu nombreux –

Il dit :
«Montez sur le vaisseau :
qu'il vogue et qu'il arrive au port, au nom de
Dieu». [...]

Le vaisseau voguait avec eux
au milieu de vagues semblables à des montagnes.

---

1. ***Four*** : ici, réservoir d'eau.

2. ***Celui dont le sort est déjà fixé*** : l'un des fils de Noé, qui périra noyé parce que, comme les autres hommes, il a refusé de croire au Dieu unique.

Noé appela son fils, resté en un lieu écarté :
« Ô mon petit enfant !
Monte avec nous ;
ne reste pas avec les incrédules[1] ! »

Il[2] dit :
« Je vais me réfugier sur une montagne
qui me préservera de l'eau ».

Noé dit :
« Personne, aujourd'hui, n'échappera à l'ordre de Dieu,
sauf celui à qui il fait miséricorde[3] ».

Les vagues s'interposèrent entre eux
et il[4] fut au nombre de ceux qui périrent engloutis.

Il fut dit :
« Ô terre ! Absorbe cette eau qui t'appartient !
Ô ciel ! Arrête-toi ! »

L'eau fut absorbée,
l'ordre fut exécuté :
le vaisseau s'arrêta sur le Joudi[5]. [...]

Le Coran, trad. Denise Masson, « Sourate XI, versets 36, 37, 40, 41, 42, 43, 44 »,

---

1. *Incrédules* : ceux qui ne croient pas en Dieu.
2. *Il* : le fils de Noé.
3. *Fait miséricorde* : accorde son pardon par pitié.
4. *Il* : le fils de Noé.
5. *Joudi* : montagne du Moyen-Orient.

Texte 24 : Marcel Aymé, *Les Contes bleus du chat perché*

Marcel Aymé (1902-1967) est l'auteur des *Contes du chat perché*, qu'il décrit comme « des histoires simples, sans amour ni argent ». L'écrivain reprend ici le thème du Déluge, mais de façon bien moins sérieuse que les textes religieux. Il raconte l'histoire de deux fillettes, Delphine et Marinette, qui vivent dans une ferme à la campagne en compagnie d'animaux... qui parlent ! Les parents de Delphine et Marinette sont très sévères : elles sont souvent grondées et punies.
Ce jour-là, leurs parents les laissent seules à la maison en leur recommandant d'être sages et de ne laisser entrer personne. Comme il pleut, Delphine propose à sa sœur de jouer à l'arche[1] de Noé. C'est ainsi que Marcel Aymé récrit les récits de la Bible et du Coran pour les enfants, de façon humoristique.

[Le jeu de l'arche de Noé]

Marinette trouva l'idée très bonne et pensa que la cuisine ferait un excellent bateau. Quant aux bêtes, les petites ne furent pas embarrassées pour les trouver. Elles allèrent à l'écurie et à la basse-cour et décidèrent facilement le bœuf, la vache, le cheval, le mouton, le coq, la poule, à les suivre dans la cuisine. La plupart étaient très contents de jouer à l'arche de Noé. Il y eut bien quelques grincheux, comme le dindon et le cochon, pour protester qu'ils ne voulaient pas être dérangés, mais Marinette leur déclara sans rire :

1. ***Arche*** : voir note 3, p. 95.

« C'est le déluge. Il va pleuvoir pendant quarante jours et quarante nuits. Si vous ne voulez pas venir dans l'arche, tant pis pour vous. La Terre sera couverte par les eaux, et vous serez noyés. »

Les grincheux ne se le firent pas dire deux fois et se bousculèrent pour entrer à la cuisine. Pour les poules, il n'y eut pas besoin de leur faire peur. Elles voulaient toutes venir jouer, et Delphine, après en avoir choisi une, fut obligée d'écarter les autres. [...]

Au bout d'un moment, les bêtes commencèrent à prendre peur. Même celles qui savaient que c'était pour jouer, en venaient à se demander s'il s'agissait vraiment d'un jeu. En effet, Delphine, assise sur la fenêtre de la cuisine, au poste de commandement, regardait au-dehors et annonçait d'une voix anxieuse :

« Il pleut toujours... les eaux montent..., on ne voit déjà plus le jardin... Le vent est toujours violent. Barre[1] à droite ! » [...]

[U]ne petite poule blanche, toute recroquevillée[2] sous la pluie, était grimpée sur le rebord extérieur de la fenêtre. Elle frappa du bec au carreau et dit à Delphine :

« Je voudrais bien jouer aussi, moi.

– Mais, pauvre poule blanche, tu vois bien que ce n'est pas possible. Il y a déjà une poule.

– Surtout que l'arche est pleine », fit observer Marinette, qui s'était approchée.

La poule blanche parut si contrariée que les deux petites en furent peinées. Marinette dit à Delphine :

---

1. ***Barre*** : partie d'un bateau servant à actionner le gouvernail (et donc à le diriger).

2. ***Recroquevillée*** : repliée sur elle-même.

« Tout de même, il nous manque un éléphant. La poule blanche pourrait faire l'éléphant…

– C'est vrai, l'arche aurait besoin d'un éléphant… »

[La poule entre et va dans la chambre où Delphine lui montre une image représentant un éléphant.]

La petite poule blanche prit son rôle si à cœur qu'elle devint un véritable éléphant, ce qu'elle n'avait pas osé espérer. La chose arriva si vite qu'elle ne comprit pas tout de suite le changement qui venait de s'opérer. Elle croyait qu'elle était encore une petite poule, perchée très haut, tout près du plafond. Enfin, elle prit connaissance de sa trompe, de ses défenses en ivoire, de ses quatre pieds massifs, de sa peau épaisse et rugueuse qui portait encore quelques plumes blanches. […]

[L'éléphant] ouvrit largement la porte et dit, avec une grande voix qu'il ne connaissait pas :

« Me voilà… »

Les petites n'en croyaient pas leurs yeux. De stupéfaction, Delphine demeura muette un moment, et Marinette laissa échapper son carnet. Elles doutaient maintenant que l'arche fût un jeu et étaient bien près de croire au déluge.

[Les petites craignent terriblement que les parents ne trouvent l'éléphant dans la maison en rentrant. Or sa taille l'empêche de passer par la porte pour sortir.]

« Peut-être que l'éléphant redeviendra une petite poule blanche, murmura Delphine. Après tout, c'est pour jouer qu'il est éléphant. […]

– Peut-être bien. Alors dépêchons-nous de jouer. […]

– Trois cent soixante-cinquième jour de mer ! On aperçoit le jardin, préparons-nous à sortir, et en ordre ! Le déluge est fini. »

Marinette alla ouvrir la porte qui donnait sur la cour. Le cochon, dans sa frayeur d'être mangé par l'éléphant, faillit la renverser, tant il mit de hâte à sortir. Il trouva que le sol n'était pas trop détrempé et fila sous la pluie, jusque dans sa soue[1]. Les autres bêtes quittèrent la cuisine sans bousculade et regagnèrent leurs places à l'étable ou à la basse-cour. Seul, l'éléphant demeura auprès des deux petites, il ne paraissait pas pressé de s'en aller. Delphine s'avança vers lui et dit en tapant dans ses mains :

« Allons, petite poule blanche, allons…, le jeu est fini…, il faut retourner au poulailler…

– Petite poule blanche…, petite poule blanche… », appelait Marinette en offrant une poignée de graines.

Mais elles eurent beau le prier, l'éléphant ne voulut jamais redevenir une petite poule blanche.

« Ce n'est pas pour vous contrarier, disait-il, mais je trouve bien plus drôle d'être un éléphant. » […]

Marcel Aymé, extraits de « L'Éléphant », *Les Contes du chat perché*, © Gallimard, coll. « Folio Junior », 1987.

1. ***Soue*** : étable à cochons.

VI. La création en poésie

A. Célébrer[1] le monde

La nature et le monde sont des sources d'inspiration pour les poètes, qui rendent souvent hommage à la beauté des éléments. On retrouve ainsi en poésie des thèmes présents dans les mythes anciens et dans les textes religieux.

Au VIIIᵉ siècle, le poète chinois Meng Haoran évoque la douceur du printemps à l'aube (**texte 25**). Au XVIᵉ siècle, le Français Guillaume du Bartas personnifie la Terre et la décrit comme une mère bienfaisante et fertile[2] (**texte 26**). Plus proche de nous, au XIXᵉ siècle, Arthur Rimbaud décrit dans « Sensation » la joie que procure un beau soir d'été (**texte 27**). Au XXᵉ siècle, Marguerite Yourcenar marie humour et poésie pour récrire sa propre genèse du monde (**texte 28**). Enfin, le poète contemporain Jacques Réda mêle physique et poésie pour évoquer les débuts de notre univers et la ronde des planètes (**texte 29**).

---

1. ***Célébrer*** : honorer, faire l'éloge.
2. ***Fertile*** : voir note 3, p. 69.

Texte 25 : Meng Haoran, « Aurore de printemps »

Meng Haoran est un poète chinois de la dynastie Tang (VIIIe siècle) qui a vécu en ermite, seul et loin de tout. Son principal sujet d'inspiration est la nature.

Le poème « Aurore de printemps », très connu en Chine, est reproduit ci-dessous de quatre façons : d'abord, la traduction française (*Fr*) ; puis les vers en caractères chinois simplifiés (*Cn*) ; viennent ensuite les vers en *pinyin* (transcription des sons chinois) ; et, enfin, les mots en phonétique (*Phon*) pour que vous puissiez lire le poème à voix haute.

春晓 (chūn xiǎo/tchounn siao)
[Aurore de printemps]

Fr : Sommeil de printemps ne connaît pas l'aurore,
Cn : 春 眠 不 觉 晓
Pinyin : chūn mián bù jué xiǎo
Phon : tchounn mienn bou tjué siao

Fr : Partout des chants d'oiseaux se font entendre.
Cn : 处 处 闻 啼 鸟
Pinyin : chùchù wén dī niǎo
Phon : tchou tchou wenn ti niao

Fr : Pluie et vent ont résonné cette nuit,
Cn : 夜 来 风 雨 声
Pinyin : yè lái fēngyǔ shēng
Phon : yé laill feung u cheung

Fr : Qui sait combien de fleurs sont tombées ?
Cn : 花落知多少
Pinyin : huā luò zhī duōshǎo
Phon : roua louo djeu douo chao.

Meng Haoran, « Aurore de printemps »,

Transcription phonétique : Charles Grether.

Texte 26 : Guillaume du Bartas, « Troisième jour de la semaine »

Guillaume de Salluste, seigneur du Bartas, est un poète français du XVIe siècle. En 1578, il écrit *La Semaine, ou Création du monde*. Il s'agit de sept chants inspirés de l'Ancien Testament[1], qui racontent comment Dieu a créé le monde en sept jours.

[Hymne[2] à la Terre]

Je te salue, ô Terre, ô Terre porte-grains,
Porte-or, porte-santé, porte-habits, porte-humains,
Porte-fruits, porte-tours, ronde, belle, immobile,
Patiente, diverse, odorante, fertile[3],
Vêtue d'un manteau tout damassé[4] de fleurs,
Passementé[5] de flots, bigarré[6] de couleurs.

---

1. ***Ancien Testament*** : voir p. 51.
2. ***Hymne*** : poème pour célébrer un dieu, une personne, un exploit.
3. ***Fertile*** : voir note 3, p. 69.
4. ***Damassé*** : tissé avec des dessins brillants.
5. ***Passementé*** : fait d'un tissu orné de fils d'or.
6. ***Bigarré*** : aux couleurs variées.

Je te salue, ô cœur, racine, base ronde,
Pied du grand animal qu'on appelle le Monde,
Chaste[1] épouse du ciel, assuré fondement[2]
Des étages divers d'un si grand bâtiment.
Je te salue, ô Sœur, Mère, Nourrice, Hôtesse
Du Roi des Animaux. Tout, ô grande Princesse,
Vit en faveur de toi. Tant de Cieux tournoyants,
Portent pour t'éclairer tant d'astres flamboyants.
[…]
L'eau pour te détremper, de mers, fleuves, fontaines
Entrelace ton corps tout ainsi que[3] de veines.
Hé ! que je suis marri[4] que les plus beaux Esprits
T'aient pour la plupart, ô Terre, en tel mépris […].

Guillaume du Bartas, *La Semaine, ou Création du monde*, « Troisième jour de la semaine », translation en français moderne par Catherine Klein, éd. J. Février, 1578 (source : gallica.bnf.fr).

Texte 27 : Arthur Rimbaud, « Sensation »

Arthur Rimbaud (1854-1891) écrit ses premiers poèmes à l'âge de quinze ans. Adolescent révolté contre sa famille et contre le monde qui l'entoure, il fait de nombreuses fugues, mène une vie de bohème[5] et voyage.
Le court poème qui suit fait partie d'un groupement de vingt-deux poèmes composés en mars 1870, alors que le jeune

1. ***Chaste*** : pure et sage.
2. ***Assuré fondement*** : base solide.
3. ***Ainsi que*** : voir note 4, p. 69.
4. ***Marri*** : triste (vieilli).
5. ***Vie de bohème*** : vie très libre, sans contrainte, souvent pauvre.

poète n'a que seize ans. Il y décrit les « sensations » que procure la belle nature en été.

Sensation

Par les soirs bleus d'été, j'irai dans les sentiers,
Picoté par les blés, fouler [1] l'herbe menue :
Rêveur, j'en sentirai la fraîcheur à mes pieds.
Je laisserai le vent baigner ma tête nue.

Je ne parlerai pas, je ne penserai rien :
Mais l'amour infini me montera dans l'âme,
Et j'irai loin, bien loin, comme un bohémien [2],
Par la Nature, – heureux comme avec une femme.

Rimbaud, *Poésies*, Flammarion,
coll. « Étonnants Classiques », 2013, p. 48.

Texte 28 : Marguerite Yourcenar, « La Création »

Marguerite Yourcenar (1903-1987) est une romancière française du XXe siècle, notamment connue pour avoir été la première femme élue à l'Académie française [3].
Elle a traduit en français des *negro spirituals,* chants sacrés des anciens esclaves noirs aux États-Unis. Celui qui suit aborde de façon amusante la création du monde et des humains.

1. ***Fouler*** : presser (le sol) en marchant dessus.
2. ***Bohémien*** : personne qui ne vit pas toujours au même endroit, habitant parfois dans une roulotte.
3. ***Académie française*** : société d'une quarantaine de personnes dont l'objet d'étude est la langue française ; en faire partie est très prestigieux.

La Création

Et Dieu s'promena, et regarda bien attentivement
Son Soleil, et sa Lune, et les p'tits astres de son firmament[1].

Il regarda la Terre qu'il avait modelée dans sa paume,
Et les plantes et les bêtes qui remplissaient son beau royaume.

Et Dieu s'assit, et se prit la tête dans les mains,
Et dit : « J'suis encore seul ; j'vais m'fabriquer un homme demain. »

Et Dieu ramassa un peu d'argile au bord d'la rivière,
Et travailla, agenouillé dans la poussière.

Et Dieu, Dieu qui lança les étoiles au fond des cieux,
Dieu façonna et refaçonna l'homme de son mieux.

Comme une mère penchée sur son p'tit enfant bien-aimé,
Dieu peina, et s'donna du mal, jusqu'à c'que l'homme fût formé.

Et quand il l'eut pétri[2], et pétri, et repétri,
Dans cette boue faite à son image Dieu souffla l'esprit.

---

1. ***Firmament*** : voir note 5, p. 68.
2. ***Pétri*** : voir note 1, p. 33.

Et l'homme devint une âme vivante,
Et l'homme devint une âme vivante…

Marguerite Yourcenar, « La Création », *Fleuve profond, sombre rivière. Les « Negro Spirituals »*, © Gallimard, coll. « Blanche », 1964.

Texte 29 : Jacques Réda, « Tout aurait ainsi commencé… »

Jacques Réda (né en 1929) est un poète et écrivain français, également spécialiste de jazz. La nature et l'univers l'inspirent… mais aussi la science (surtout la physique, qui étudie les lois de la nature).

[Tout aurait ainsi commencé…]

[…]
Tout aurait ainsi commencé :
Un Dieu qui n'était pas pressé
Tirait des plans sur la comète [1]
Et, dans un gaz surconcentré [2] :
Bang ! (l'aurait-on enregistré ?)
Craqua soudain une allumette.
[…]

---

1. ***Tirer des plans sur la comète*** : expression qui signifie faire des projets peu réalistes.
2. ***Surconcentré*** : très concentré, dense.

Chant des gravitons[1]

Nous, modestes gravitons,
Sans répit nous gigotons
Pour que ta planète évite
D'oublier qu'elle gravite[2]
Autour de l'astre Soleil
Et qu'il demeure en éveil,
Guide et pivot[3] de la ronde
Qu'avec tout son petit monde
(Terre, Jupiter, Vénus,
Pluton, Neptune, Uranus,
Saturne, Mars et Mercure[4])
À travers la nue[5] obscure
Il mène, ainsi balançant
L'effet de cinquante, cent,
Mille, dix mille, innombrables
Autres systèmes semblables.
[...]

Jacques Réda, « Tout aurait ainsi commencé... »,
extrait de « Des profanes se rebiffent »,
extrait de « Chant des gravitons », *La Physique amusante*,
© Gallimard, coll. « Blanche », 2009.

---

1. ***Gravitons*** : particules qui transmettraient la gravité (ce qui fait qu'un corps est attiré vers le sol).
2. ***Gravite*** : tourne autour.
3. ***Pivot*** : ici, centre, élément principal.
4. ***Terre, Jupiter* [...] *Mercure*** : noms des planètes tournant autour du Soleil.
5. ***Nue*** : voir note 3, p. 108.

B. Le pouvoir créateur des mots

De la même manière que la parole divine crée le monde dans la Genèse (voir « Langage et création », p. 87), la parole du poète a aussi des pouvoirs : elle peut donner vie aux souvenirs, faire rêver, faire voyager à travers le monde... et même au-delà, comme le montre l'écrivain Raymond Queneau dans son poème « L'Écolier » (**texte 30**). En effet, la poésie éveille notre imagination et nous permet, par la pensée, d'échapper au monde réel et à ses règles... même à celles de la géométrie (**texte 31**) !

■ Texte 30 : Raymond Queneau, « L'Écolier »

Raymond Queneau (1903-1976) est un écrivain et poète français. Il s'est beaucoup intéressé au langage, à l'invention et aux jeux de mots. Dans *Battre la campagne*, il se souvient de son enfance au milieu des paysans, des animaux et des plantes. Ces souvenirs sont rédigés sous forme de poèmes.

L'Écolier

J'écrirai le jeudi j'écrirai le dimanche
quand je n'irai pas à l'école
j'écrirai des nouvelles j'écrirai des romans
et mêmes des paraboles [1]
je parlerai de mon village je parlerai de mes parents
de mes aïeux de mes aïeules [2]

1. ***Paraboles*** : récits de livres religieux qui comportent une morale.
2. ***Mes aïeux* et *mes aïeules*** : mes ancêtres (les grands-parents et toutes les générations précédentes).

je décrirai les prés je décrirai les champs
les broutilles[1] et les bestioles
puis je voyagerai j'irai jusqu'en Iran
au Tibet ou bien au Népal
et ce qui est beaucoup plus intéressant
du côté de Sirius[2] ou d'Algol[3]
où tout me paraîtra tellement étonnant
que revenu dans mon école
je mettrai l'orthographe mélancoliquement[4]

Raymond Queneau, « L'Écolier », *Battre la campagne*,

Texte 31 : Robert Desnos, « Par un point situé sur un plan »

Robert Desnos est un poète français du XXe siècle (1900-1945). Sa poésie allie humour, fantaisie, merveilleux, rêves et émotions. Pendant la Seconde Guerre mondiale, il a participé à la Résistance[5] avant d'être arrêté et envoyé en camp de concentration[6] en Tchécoslovaquie, où il meurt en juin 1945.

1. ***Broutilles*** : petites pousses d'herbe ou choses sans importance.
2. ***Sirius*** : étoile la plus brillante après le Soleil.
3. ***Algol*** : étoile dont la luminosité varie.
4. ***Mélancoliquement*** : avec tristesse.
5. ***Résistance*** : mouvement de lutte armée clandestine contre l'occupation de la France par l'Allemagne nazie, après la défaite de l'armée française en 1940.
6. ***Camp de concentration*** : camp nazi dans lequel étaient enfermés des prisonniers pendant la Seconde Guerre mondiale. Maltraités et exploités, ils survivaient dans des conditions inhumaines et la plupart d'entre-eux y périrent.

Dans ce poème, il oppose la rigueur mathématique à l'imagination du poète qui, par le pouvoir de ses mots, peut changer les lois de la géométrie.

Par un point situé sur un plan...

Par un point situé sur un plan
On ne peut faire passer qu'une perpendiculaire à ce plan.
On dit ça...
Mais par tous les points de mon plan à moi
On peut faire passer tous les hommes, tous les animaux de la terre.
Alors votre perpendiculaire me fait rire.
Et pas seulement les hommes et les bêtes
Mais encore beaucoup de choses
Des cailloux
Des fleurs
Des nuages
Mon père et ma mère
Un bateau à voiles
Un tuyau de poêle
Et si cela me plaît
Quatre cents millions de perpendiculaires.

Robert Desnos, « Par un point situé sur un plan »,
« La Géométrie de Daniel », *Destinée arbitraire*,
© Gallimard, coll. « Poésie », 1975.

DOSSIER

■ *Prométhée enchaîné*, d'après Pierre Paul Rubens (XVIIe siècle), Lille, palais des Beaux-Arts.

Prométhée (voir textes 5 et 6, p. 42-44) est présent dans différents mythes. L'un d'eux raconte que Zeus le punit pour avoir dérobé le feu aux dieux. Attaché au mont Caucase, il subit une horrible torture : un aigle dévore chaque jour son foie, qui se régénère toujours. Le peintre a mis en valeur le corps immense du Titan qui se tord sous la douleur. C'est finalement Héraclès qui abat l'aigle et délivre le Titan.

Vrai ou faux?

Lisez la présentation et dites si les affirmations suivantes sont vraies ou fausses en entourant la bonne réponse. Si la réponse est jugée fausse, rétablissez la vérité en donnant la bonne réponse.

1. Pour les Égyptiens de l'Antiquité, le dieu Rê a créé le monde.	Vrai	Faux
2. Mardouk est un dieu créateur mésopotamien.	Vrai	Faux
3. Chaos est la première divinité grecque.	Vrai	Faux
4. Pangu est un géant divin japonais.	Vrai	Faux
5. Dans de nombreux récits, la Terre est créée à partir de la chair d'un dieu.	Vrai	Faux
6. La première partie de la Bible, qui contient la Genèse, est le Nouveau Testament.	Vrai	Faux
7. Le Coran comporte 214 sourates.	Vrai	Faux
8. Noé et sa famille meurent pendant le Déluge.	Vrai	Faux
9. Le Big Bang décrit la fin du monde dans le futur.	Vrai	Faux
10. La cosmologie étudie les lois physiques de l'univers.	Vrai	Faux

Parcours de lecture dans l'anthologie

PARCOURS DE LECTURE N° 1 : Hésiode, *Théogonie* (texte 3)

Activité 1 : questionnaire de lecture

Lisez le texte 3, p. 35-38, puis répondez aux questions suivantes.

Bien lire le texte

1. Quelle est la plus ancienne divinité grecque ?

2. Qui naît en deuxième lieu ?

3. Quels éléments de l'univers sont nés de la Terre ?

4. Nommez les éléments de l'univers nés des Titans.

Bien comprendre le texte

5. Pourquoi l'Amour est-il l'une des plus anciennes divinités ? Quel est son rôle, selon vous ?

6. Pourquoi les origines du Jour sont-elles surprenantes ?

7. Pourquoi Théia est-elle importante dans la création de l'univers ?

Vocabulaire

8. Relevez une « formule homérique » (voir note 4, p. 37) dans ce passage puis inventez-en une pour vous décrire : groupe nominal (par exemple, « Achille aux pieds légers ») ou adjectif qualificatif (par exemple, « Héraclès le fort »).

Activité 2 : écriture

Lisez le texte 4, p. 38-41, puis décrivez un monstre de votre invention, né de la Terre. Détaillez les différentes parties de cet être effrayant ainsi que ses pouvoirs.

Vous utiliserez de nombreux adjectifs qualificatifs et rédigerez votre texte au présent.

PARCOURS DE LECTURE N° 2 : Platon, *Protagoras* (texte 6)

Activité 1 : questionnaire de lecture

Lisez le texte 6, p. 44-47, puis répondez aux questions suivantes.

Bien lire le texte

1. Comment les dieux façonnent-ils les êtres humains et les animaux ?

2. Quelle est la tâche d'Épiméthée ?

3. Quel est le rôle de Prométhée ?

Bien comprendre le texte

4. Pourquoi certains animaux ont-ils de nombreux petits ?

5. Pourquoi Épiméthée est-il embarrassé au moment de la vérification de son travail et pourquoi cela est-il en rapport avec son nom ?

6. Pour quelle raison l'espèce humaine risque-t-elle de disparaître ?

7. Que fait Zeus pour sauver l'humanité ?

Vocabulaire

8. Sachant que « feu » s'écrit *pyr* en grec (mais se prononce « pur »), trouvez trois mots français comportant ce radical et signifiant :

a. qui aime mettre le feu de façon maladive ; **b.** technique de la fabrication et de l'utilisation des feux d'artifice ; **c.** gravure sur bois à l'aide d'une pointe métallique chauffée.

Activité 2 : écriture

Dans un paragraphe d'une dizaine de lignes, énoncez les qualités physiques et morales que vous donneriez en priorité aux humains, si vous étiez un Titan.

Activité 3 : bilan

Lisez les textes de la partie « Mythologies et création » (p. 27-49). Recopiez ensuite le texte à trous ci-dessous et placez correctement les mots suivants :

Hésiode – Rê – Ovide – mésopotamienne – Chaos – Zeus – Gilgamesh

Figurant parmi les mythes les plus anciens sur la création du monde, les récits égyptiens racontent que ...., le dieu-soleil, surgit du chaos liquide pour créer le monde et les êtres. Dans *L'Épopée de* ...., qui appartient à la mythologie ...., le premier homme est créé par des dieux avec de la terre. En Grèce, c'est le poète .... (VIIIe siècle avant notre ère) qui écrit le récit de la création du monde à partir du ...., la première divinité. Le poète latin .... décrit ces mêmes origines. Platon, un penseur grec du IVe siècle avant notre ère, raconte comment deux Titans perfectionnèrent les êtres humains et comment .... leur donna la capacité à vivre en société.

PARCOURS DE LECTURE N° 3 : La Bible (texte 8)

Activité 1 : questionnaire de lecture

Lisez le texte 8, p. 52-56, puis répondez aux questions suivantes.

Bien lire le texte

1. Replacez les éléments de l'univers dans l'ordre de leur création, du premier au sixième jour : *oiseaux et poissons – ciel (séparé des eaux) – continents, mer et végétation – animaux terrestres, homme et femme – soleil, lune et étoiles.*

2. Quel ordre Dieu donne-t-il aux animaux et aux hommes ? Pourquoi ?

Bien comprendre le texte

3. « Que la lumière soit ! » : comment Dieu crée-t-il ce qu'il souhaite ?

4. Quelles expressions répétées montrent que Dieu est satisfait de son œuvre ?

5. Dieu fait l'homme « à son image » : que signifie cette expression ?

6. Quelle place Dieu donne-t-il à l'homme dans la Création ?

7. Quel est le rapport entre la Genèse et notre façon de grouper les jours en semaines, appelées jadis « septmaines » ?

8. Pourquoi, dans les sociétés chrétiennes (et dans celles où le christianisme a eu une importance historique), ne travaille-t-on généralement pas le dimanche ?

Vocabulaire

9. « Dimanche » signifie « jour du Seigneur », du latin *dies* (« jour ») et *dominus* (« seigneur », « dieu »). Recherchez l'étymologie des six autres jours (lundi, mardi, etc.) à l'aide d'un dictionnaire et expliquez pourquoi ces sept noms ne forment pas une suite logique.

10. Recherchez le sens actuel de ces expressions issues de la Genèse : *un jardin d'Éden* ; *le fruit défendu* ; *la pomme d'Adam* ; *remonter au Déluge* ; *une époque antédiluvienne.*

Activité 2 : écriture

Racontez la création des animaux que vous préférez en décrivant notamment leur environnement. Vous rédigerez votre texte au passé.

Activité 3 : bilan

Lisez les textes de la partie « Religions et création » (p. 51-62). Recopiez ensuite le texte à trous ci-dessous et placez correctement les mots suivants :

Allah – Adam et Ève – Ancien Testament – musulmans – Coran – jardin d'Éden – islam – sourates – Genèse

Dans l'…………………, texte sacré des religions juive et chrétienne, la ………………… est le récit de la création du monde. On y lit que Dieu ou Yahvé créa le monde et les êtres en sept jours. On découvre ensuite pourquoi Dieu chassa ………………… du ………………… . Dans le …………………, livre sacré de l'…………………, religion des …………………, c'est ………………… qui créa le monde et les humains en six jours. Ce récit est contenu dans les 114 ………………… du texte sacré.

Activité 4 : mots croisés

Complétez la grille à l'aide des définitions suivantes.

Horizontalement

1. Il poussa la femme à la faute.

2. Dieu les plaça dans le ciel le quatrième jour.

3. Nom arabe pour désigner Dieu.

4. La femme le mangea, désobéissant à Dieu.

5. Leur religion est le christianisme.

6. Nom du paradis terrestre.

7. Les bienheureux y vont après leur mort.

8. Il créa le monde en six ou sept jours.

9. Partie de la Bible qui décrit la création du monde et des êtres vivants.

10. Dieu nomma « l'amas des eaux » ainsi.

Verticalement

A. Dieu le créa le deuxième jour.

B. Dieu les sépara de la lumière le premier jour.

C. Dieu créa la femme à partir de celle-ci.

D. Chapitre du Coran.

E. Livre sacré de l'islam.

F. Dieu nomma « le sec » ainsi.

G. Religion des musulmans.

H. Livre sacré du christianisme, dont l'étymologie signifie « les livres » en grec.

I. L'un est « ancien », l'autre « nouveau ».

J. Dieu les plaça dans le ciel le quatrième jour (mot commençant par « a »).

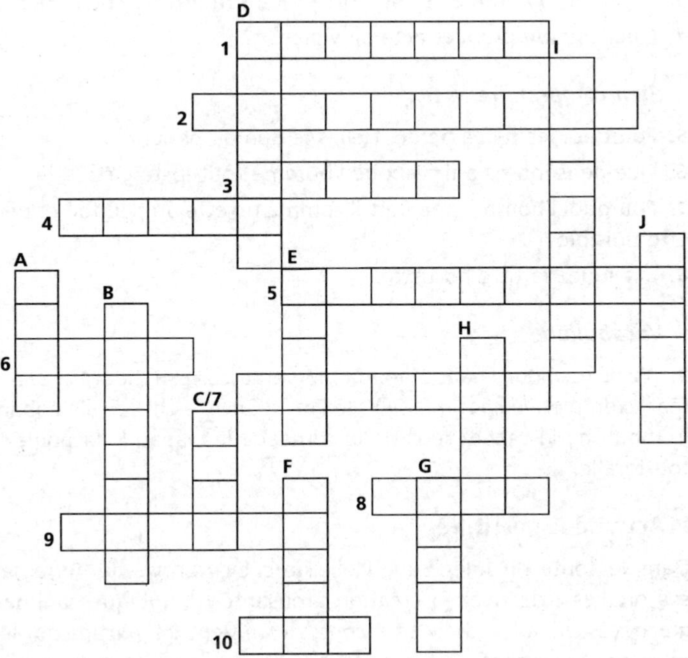

PARCOURS DE LECTURE N° 4 : Jules Supervielle, *Premiers pas de l'univers* (texte 11)

Activité 1 : questionnaire de lecture

Lisez le texte 11, p. 64-67, puis répondez aux questions suivantes.

Bien lire le texte

1. Dans ce texte, qui crée les êtres vivants et où se trouve ce créateur ?

2. Les animaux ne sont pas achevés : donnez-en deux exemples. Pourquoi leur achèvement est-il amusant ?

3. Comment l'homme se comporte-t-il à son arrivée sur Terre ?

4. Quel est son premier acte de violence ?

Bien comprendre le texte

5. Pourquoi les bêtes perdent-elles le don de parler ?

6. Que pensent les animaux de l'homme tout juste créé ?

7. Pourquoi l'homme apparaît-il comme un être un peu fou et peut-être nuisible ?

8. Expliquez le titre du texte.

Vocabulaire

9. Associez, pour chaque animal, le verbe correspondant à son cri (par exemple : *le chat miaule*) : le lion ; l'âne ; le cheval ; l'éléphant ; le mouton ; la vache ; le cerf ; le corbeau ; le crapaud ; la poule ; la tourterelle.

Activité 2 : écriture

Dans le conte de Jules Supervielle, le cheval arrive sur Terre sans ses oreilles : décrivez la création amusante de quelques animaux inachevés de votre choix et racontez comment les parties qui leur manquent viennent s'ajouter. Vous rédigerez votre récit au passé.

Activité 3 : bilan

Lisez les textes de la partie « Contes d'ici et d'ailleurs » (p. 63-85). Recopiez ensuite le texte à trous ci-dessous et placez correctement les mots suivants :

Jules Supervielle – féminines – la chair – imagination – la grande Mère – les origines du monde – humoristique – Pangu – le géant Ymir

Dans presque tous les pays existent des contes sur .... Le poète .... décrit ces origines de façon .... Dans de nombreux récits, le monde est créé à partir de .... d'un dieu ou d'un géant, comme .... (Scandinavie), ... (Chine) ou le dieu mongol Manzachiri. Les divinités des origines sont parfois ...., c'est le cas de la .... du conte africain. Toutes ces histoires montrent l'extraordinaire richesse de l'......................... humaine.

PARCOURS DE LECTURE N° 5 : La Bible (la tour de Babel, texte 17)

Activité 1 : questionnaire de lecture

Lisez le texte 17, p. 88-89, puis répondez aux questions suivantes.

Bien lire le texte

1. Dans quel pays et dans quelle ville ce récit biblique se situe-t-il ?
2. Que veulent construire les hommes et pourquoi ?
3. Quelles sont les deux punitions infligées aux hommes par Dieu ?

Bien comprendre le texte

4. Pourquoi Dieu est-il mécontent de la construction des hommes ?

5. Pourquoi le fait que les hommes parlent plusieurs langues est-il une punition ?

6. Pourquoi la dispersion des hommes sur la Terre est-elle une punition également ?

7. Relevez dans le texte le champ lexical du langage et dites pourquoi il est très présent.

> Un **champ lexical** est un ensemble de mots ayant un rapport de sens. Par exemple, dans le champ lexical de l'école on trouve les mots « cours », « devoirs », « trousse », entre autres.

Vocabulaire

8. Trouvez trois expressions comportant le mot « langue » au sens figuré et donnez leur sens.

> **Le sens propre** est le premier sens d'un mot (qui renvoie souvent à quelque chose de concret, que l'on peut toucher) : par exemple, « je me suis mordu la langue ». Le **sens figuré** est un sens imagé, plus abstrait : par exemple, « être mauvaise langue » (dire des méchancetés).

■ Activité 2 : écriture

Vous prononcez quatre ou cinq mots magiques qui ont un pouvoir créateur : précisez quels sont ces mots et décrivez ce qu'ils créent. Vous rédigerez votre récit au présent.

■ Activité 3 : bilan

Lisez les textes de la partie « Langage et création » (p. 87-93). Recopiez ensuite le texte à trous ci-dessous et placez correctement les mots suivants :

Babylone – langues – Bible – amérindien – tour – inuit – orgueil – dispersant

Dans les récits de création, le langage occupe une place importante. Il est même créateur, comme dans la .... Dans ce texte sacré, Babel est le nom hébreu de ...., où les hommes firent preuve d'........... en voulant construire une .... qui toucherait les cieux. Dieu les punit en créant plusieurs .... et en .... les hommes sur la surface de la Terre, afin qu'ils ne puissent pas unir leurs efforts. Certains contes évoquent également le langage des origines. Celui-ci est magique dans le conte .... et il vient de l'âme dans le conte ....

PARCOURS DE LECTURE N° 6 : Ovide, *Les Métamorphoses* (texte 21)

Activité 1 : questionnaire de lecture

Lisez le texte 21, p. 99-103, puis répondez aux questions suivantes.

Bien lire le texte

1. Pourquoi Jupiter veut-il anéantir l'espèce humaine et que fait ce dieu pour réaliser son projet ?

2. Pourquoi épargne-t-il Deucalion et Pyrrha ?

3. Comment ce couple repeuple-t-il la Terre ?

Bien comprendre le texte

4. Dans le texte, Ovide décrit des scènes animalières très étonnantes, donnez-en au moins trois exemples.

5. Pourquoi Pyrrha est-elle effrayée par l'oracle ? Que croit-elle ?

6. Pourquoi ce texte fait-il partie des *Métamorphoses* ? Qu'est-ce qui est métamorphosé et en quoi ?

7. À quels autres textes ce récit vous fait-il penser ?

Vocabulaire

8. Qu'est-ce qui est personnifié dans ce texte ? Relevez quatre mots qui le montrent et dites quel effet cette personnification produit.

> Une **personnification** est le fait de représenter un être qui n'est pas humain (par exemple un animal), une chose ou une idée sous la forme d'un être humain, pour créer une image.

Activité 2 : écriture

« Les loups nageaient parmi les brebis » : imaginez, vous aussi, quelques scènes étonnantes d'animaux pris par la montée des eaux et qui n'ont pas l'habitude d'être ensemble ou qui se retrouvent dans des lieux inhabituels. Vous rédigerez votre récit au passé.

Activité 3 : bilan

Lisez les textes de la partie « Destruction et renaissance du monde » (p. 95-114). Recopiez ensuite le texte à trous ci-dessous et placez correctement les mots suivants :

Métamorphoses – déluge – Deucalion et Pyrrha – punition – destruction – cataclysmes – Gilgamesh – Coran – Noé – Bible

Après la création du monde, c'est sa .... que racontent de nombreux récits. Celle-ci est une .... voulue par Dieu (ou par un dieu) pour corriger l'orgueil des hommes. Le plus souvent, c'est un .... qui inonde la Terre. C'est le cas dans *L'Épopée de* ...., dans *Les* .... du poète latin Ovide, dans la .... et le ....

Certains hommes sont épargnés pour faire naître une nouvelle humanité : c'est le cas de .... (dans la Bible et le Coran) et de .... (dans *Les Métamorphoses* d'Ovide), par exemple. Ces récits furent sans doute inspirés par les .... réels qui frappèrent la Terre.

PARCOURS DE LECTURE N° 7 : Guillaume du Bartas et Raymond Queneau (textes 26 et 30)

Activité 1 : questionnaire de lecture

Lisez le texte 26, p. 117-118, puis répondez aux questions suivantes.

1. Les vers de ce poème sont des alexandrins : combien de syllabes comportent-ils ?

2. Les rimes de ce poème sont dites **plates** ou **suivies**, examinez-les et dites ce que cela signifie.

3. Relevez plusieurs mots qui montrent que la Terre est ici personnifiée (voir encadré, p. 140).

4. Énumérez tout ce que la Terre porte et donc tout ce qu'elle donne aux humains.

5. En quoi ce poème est-il une **célébration**[1] du monde ?

6. Que regrette le poète à la fin du texte ?

Activité 2 : écriture

Récrivez le poème « L'Écolier », avec les mots de votre choix :

J'écrirai le .... j'écrirai le ....
    quand je n'irai pas à l'école
j'écrirai des .... j'écrirai des ....
    et mêmes des ....
je parlerai de .... je parlerai de ....
    de .... de ....
je décrirai les .... je décrirai les ....
    les .... et les ....
puis je voyagerai j'irai jusqu'en ....
    au ...... ou bien au ......
et ce qui est beaucoup plus intéressant
    du côté de ...... ou de ......

---

1. ***Célébration*** : voir note 1, p. 115.

où tout me paraîtra tellement ....
que revenu dans mon école
je ....

Sciences et création du monde

(groupement de textes n° 1)

Les scientifiques s'appliquent à répondre aux mêmes questions que les auteurs des récits de création : comment l'univers s'est-il formé ? Comment la vie est-elle apparue ? Pour cela, ils s'appuient sur les immenses progrès techniques de ces dernières années : télescopes géants, navettes et sondes spatiales, accélérateurs de particules [1], etc. Grâce à ces outils, ils peuvent fonder leurs théories sur l'observation du réel, même si l'intelligence a aussi besoin de l'imagination pour comprendre le monde.

L'univers décrit par les scientifiques et les images envoyées par les satellites ne sont pas moins extraordinaires que les antiques récits de création du monde. Le premier texte de ce groupement décrit la naissance de l'univers qui suivit le Big Bang. Le deuxième texte raconte l'apparition de la vie sur Terre et le troisième traite de l'évolution du vivant, en résumant les théories du savant anglais Charles Darwin.

1. ***Accélérateurs de particules*** : voir note 1, p. 19.

« L'Univers s'est formé après le Big Bang et, depuis, il est en expansion[1] » (2015)

L'expression *Big Bang* (« grand boum », en anglais) indique que l'univers s'est créé brutalement (cela s'est passé en fait sans explosion). Cette découverte fut tout d'abord exposée par le physicien belge Georges Lemaître qui a décrit un univers en continuelle expansion (c'est-à-dire qui ne cesse de s'agrandir). Le texte qui suit résume la prodigieuse « naissance » de notre univers, il y a 13,7 milliards d'années.

Quelque chose surgit de rien

[…] Avant le Big Bang, il n'y a rien. Et quand on dit rien, c'est rien : ce n'est pas le vide de l'espace, puisqu'il n'y a pas d'espace, ni de matière, ni d'énergie, ni de temps. Il est très difficile de se représenter le « rien » absolu, mais il n'est pas plus aisé de se représenter le Big Bang et les tout premiers instants qui l'ont suivi, car aucune notion de physique actuelle ne peut s'y appliquer. La seule certitude, c'est que ces instants aboutissent à un Univers extrêmement petit qui contient toute la matière que l'on peut voir aujourd'hui. Comment est-ce possible ? Là, les physiciens ont la réponse, formulée pour la première fois par Einstein[2] avec sa fameuse équation $E=mc^2$, qui signifie que la matière et l'énergie sont au fond la même chose.

De l'énergie jaillit la matière

En d'autres termes, l'Univers fait ses premiers pas sous la forme d'un point infime rempli de toute l'énergie pure nécessaire à l'apparition future de la matière. Autant dire qu'il doit

1. ***En expansion*** : voir note 1, p. 21.
2. ***Einstein*** : voir note 1, p. 18.

être extrêmement chaud ! Mais ça ne dure pas, car il commence à se dilater [1] (et à refroidir) quasi instantanément. Il passe de la taille d'un atome [2] à celle d'une balle de tennis – c'est comme si une balle de golf prenait la taille de la Terre ! – en une fraction de seconde, littéralement. Précisément en 10^{-35} seconde, soit 10 milliardièmes de milliardième de milliardième de milliardième de seconde.

Au fur et à mesure du refroidissement, l'énergie se transforme en particules de matière. D'abord les particules les plus élémentaires (dont les électrons et les photons), ensuite des neutrons et des protons. Toujours progressivement, neutrons et protons s'associent pour donner des noyaux atomiques [3] simples, essentiellement l'hydrogène (puis l'hélium et le lithium) [4]. Ces atomes, en s'assemblant en très grand nombre, vont former les étoiles. Et c'est au cœur des étoiles que les noyaux atomiques des éléments les plus légers vont fusionner [5] les uns avec les autres pour former des éléments de matière de plus en plus lourds (comme le carbone de notre corps ou l'oxygène que nous respirons), tout en dégageant de l'énergie.

Aujourd'hui, la théorie du Big Bang est largement acceptée dans le milieu scientifique. Plusieurs observations lui donnent en effet du poids : d'abord, seule l'hypothèse du Big Bang permet d'expliquer les quantités aujourd'hui disponibles d'hélium dans l'Univers. De plus, l'âge des plus vieilles galaxies observées (environ 13 milliards d'années) s'approche de l'âge estimé de l'Univers. La simple observation que la nuit est noire prouve aussi qu'il y a un début à l'Univers : s'il était d'un âge infini, la lumière émise par toutes les galaxies,

---

1. ***Se dilater*** : s'agrandir.
2. ***Atome*** : minuscule particule.
3. ***Noyaux atomiques*** : parties centrales de l'atome.
4. ***Hydrogène, hélium, lithium*** : corps simples très légers.
5. ***Fusionner*** : s'unir sous l'action de la chaleur.

mêmes celles infiniment loin de nous, aurait eu le temps de nous parvenir. Le ciel serait alors uniformément lumineux !

Mais la plus spectaculaire preuve du Big Bang a été obtenue par hasard. En 1949, le physicien américain George Gamow[1] émet l'hypothèse que, si Big Bang il y a eu, il a forcément été suivi d'un « big flash », un rayonnement tellement énergétique que l'on pourrait en percevoir les traces aujourd'hui. Lemaître[2] le surnommait « l'éclat disparu de la formation des mondes ». Disparu ? Pas complètement, mais en parcourant un univers en expansion constante, ce rayonnement hypothétique[3] aurait en effet perdu son énergie et ne serait plus visible à l'œil nu. Autrement dit, les particules – des photons – émises lors de ce flash primordial ont parcouru une telle distance qu'elles doivent être au bout du rouleau : l'énergie qu'elles portent, estime Gamow, correspondrait à une température de 50 kelvins[4], soit -223 °C environ.

« L'Univers s'est formé après le Big Bang
et, depuis, il est en expansion »,
© Sophie FÉLIX / *Science et Vie Junior*,
Hors-série 115, décembre 2015.

1. Qu'est-ce qui, dans les premières lignes, est troublant et dépasse notre intelligence ?

2. Quelle est la taille de l'univers au tout début ? Qu'en pensez-vous ?

3. Qu'indique la comparaison atome/balle de tennis et balle de golf/Terre ?

4. Dites quels sont le plus petit nombre et le plus grand, cités dans ce texte.

---

1. ***George Gamow* (1904-1968)** : physicien américain d'origine russe.
2. ***Georges Henri Lemaître* (1894-1966)** : homme d'Église catholique et physicien belge.
3. ***Hypothétique*** : qui n'est pas certain.
4. ***Kelvin*** : unité de température dont le zéro correspond au point où la matière ne peut plus être refroidie.

COMME UN BALLON QUI SE GONFLE

Les galaxies s'éloignent les unes des autres parce que l'Univers est en expansion : l'espace entre elles augmente. Un peu comme des galaxies dessinées sur l'enveloppe d'un ballon de baudruche s'éloigneraient à mesure que l'on injecte de l'air dans le ballon.

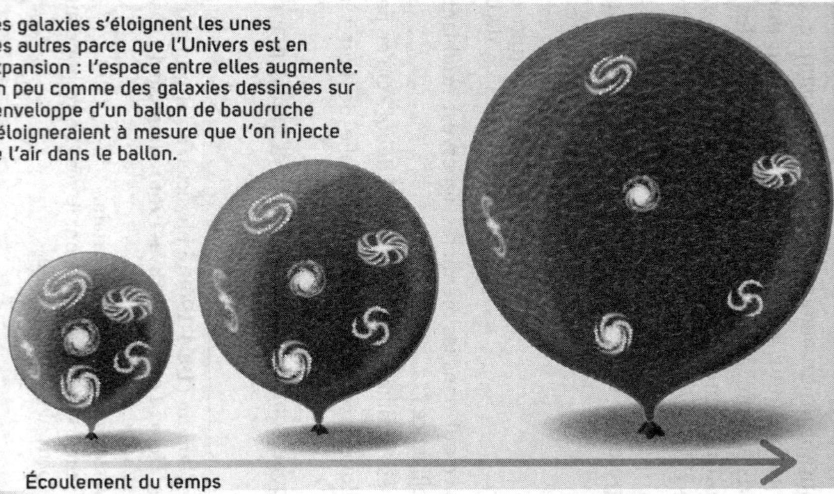

Le chanoine belge Georges Lemaître a été le premier à tirer la conclusion logique de ce phénomène d'expansion observé par Hubble. En déroulant le « film » à l'envers, on aboutit forcément à un instant premier où l'Univers devait être concentré en un point extrêmement dense et chaud !

5. L'énergie qui circule dans tous les sens au début de l'univers fait penser à un terme que l'on retrouve souvent dans les mythes sur la création. Lequel ?

Pascal Picq, *Darwin et l'évolution expliqués à nos petits-enfants* (2009)

Pascal Picq est un paléoanthropologue [1] contemporain : c'est donc un savant qui étudie les hommes et leur évolution depuis leur apparition sur Terre. Il est l'auteur de plusieurs ouvrages et s'intéresse à la passionnante question : qu'est-ce que l'humain ? Il explique ici les idées de Charles Darwin, savant anglais du XIXe siècle, dont les travaux sur l'origine et l'évolution des espèces ont révolutionné la biologie [2]. Dans ce passage, l'auteur explique à sa fille l'origine de la vie en répondant à ses questions.

[L'apparition de la vie]

« *La vie n'est apparue que sur Terre ?*

– Les chercheurs qui s'intéressent aux origines de la vie ont trouvé plusieurs modèles qui permettent d'expliquer l'émergence [3] de la vie sur la Terre. Il est tout à fait possible que des molécules organiques [4] [...] viennent d'autres planètes, comme celles apportées par des météorites. Mais que la vie soit apparue sur la Terre, sur Mars ou ailleurs, c'est le même problème, bien que, comme tu le sais, les sondes envoyées sur Mars n'aient pas révélé de trace de vie, même celle nommée *Beagle* [5] en hommage au voyage de Darwin.

---

1. ***Paléoanthropologue*** : spécialiste de paléoanthropologie, voir note 2, p. 20.
2. ***Biologie*** : science de la vie (du grec *bios*, « vie »).
3. ***Émergence*** : apparition soudaine.
4. ***Molécules organiques*** : minuscules éléments nécessaires à la vie.
5. ***Beagle*** : nom du navire sur lequel Charles Darwin fit le tour du monde durant cinq ans, pour ses observations scientifiques.

– *Alors, on sait comment elle est apparue ?*

– Pas exactement. Mais les chercheurs ont réalisé plusieurs types d'expériences à partir de ce que l'on connaît des conditions chimiques qui régnaient sur la Terre, il y a plus de quatre milliards d'années. […]

– *Mais au fond, c'est quoi la vie ?*

– Disons que c'est l'apparition de molécules de très grande taille capables de se dupliquer ou, si tu préfères, de se reproduire. […] On décèle des traces d'activité biologique dans les rares sédiments[1] les plus anciens connus, que l'on retrouve en Australie et au Groenland, datés de 3,8 milliards d'années.

– *Ils sont comment, ces êtres vivants ?*

– Il s'agit de bactéries[2] de toutes sortes, dites algues bleues, vertes ou pourpres. […] Les unicellulaires[3] envahissent les mondes aquatiques de 3,8 à 2,5 milliards d'années. […] »

[Pascal Picq décrit ensuite l'extraordinaire évolution de la vie qui va de ces minuscules organismes vivants nés dans l'eau aux premiers vertébrés aquatiques, puis terrestres, passant ensuite aux premiers grands reptiles (les dinosaures), aux insectes, aux oiseaux, aux mammifères et finalement aux hominidés[4], qui comportent les grands singes et les hommes.]

Pascal Picq, *Darwin et l'évolution expliqués à nos petits-enfants*, coll. « Expliqué à… », © Éditions du Seuil, 2009.

---

1. ***Sédiments*** : dépôts naturels.
2. ***Bactéries*** : minuscules organismes très simples, ni animaux ni végétaux.
3. ***Unicellulaires*** : formés d'une seule cellule.
4. ***Hominidés*** : voir note 4, p. 9.

1. Dans quel élément les premières traces de vie apparaissent-elles ?

2. À quand remontent ces traces de vie ? Qu'en pensez-vous ?

3. Comment la vie est-elle définie ?

4. Définissez les « premiers êtres vivants » en citant le texte. Qu'en pensez-vous ?

5. Quelle question aimeriez-vous poser à ce paléoanthropologue ?

« L'homme descend du singe ? Et puis quoi encore ! » (2000)

Cet article résume la théorie de Charles Darwin au sujet de l'évolution des espèces et précise son immense impact dans l'opinion publique et le monde scientifique. Cette théorie a tout de suite convaincu de nombreux savants mais elle a aussi été violemment combattue.

[L'évolution du vivant]

C'est bien connu : les êtres les plus redoutables se cachent parfois derrière un physique très anodin [1]. Avec sa barbe de patriarche [2], son nez épaté et son front dégarni, Charles Darwin, par exemple, a des allures de père Noël. Mais qu'on ne se méprenne pas ! En cette année 1859, il a été désigné comme l'homme le plus dangereux [3] d'Angleterre. Un

1. ***Anodin*** : banal, sans danger.
2. ***Patriarche*** : ici, vieil homme sage.
3. ***L'homme le plus dangereux*** : certains croyants étaient choqués par sa théorie de l'évolution qui, selon eux, contredisait la Bible où l'homme est parfait dès sa création, à l'image de Dieu. Certains croyants, adeptes du « créationnisme », n'admettent toujours pas les théories de Darwin aujourd'hui.

égorgeur de vieilles dames ? Pas du tout. Ce naturaliste[1] britannique s'est contenté d'écrire un livre, *L'Origine des espèces*. Et d'émettre une idée redoutable pour l'époque : les êtres vivants se transforment au cours du temps. Leur cou s'allonge pour les uns, leur bec devient crochu pour les autres, si bien que plusieurs milliers d'années plus tard, les rejetons[2] ne ressemblent plus franchement à leurs lointains ancêtres. Ils ont évolué. Et l'homme avec. Darwin n'écrit pas noir sur blanc qu'*Homo sapiens*[3] descend d'un singe. Mais tout le monde le comprend ainsi. Il faut dire que plusieurs scientifiques ont préparé le terrain. En 1735, le Suédois Carl von Linné a réalisé une classification des êtres vivants et placé l'homme dans le même groupe que les chimpanzés – et les paresseux[4] ! Un demi-siècle plus tard, le naturaliste français Lamarck lançait l'hypothèse qu'un primate pût s'éloigner des arbres et se redresser. [...] Mais rien n'avait été aussi clairement jeté sur le papier que la théorie de Darwin. L'homme évolue... [...]

Ce qui faisait alors défaut aux partisans de cette théorie évolutive, c'est le fameux « chaînon manquant », un squelette qui porterait à la fois des caractéristiques de singe (face projetée vers l'avant, gros orteil éloigné des autres pour agripper des branches) et d'humain (dos redressé, gros cerveau). De nombreux fossiles d'hommes archaïques – *habilis, erectus*[5] – et d'australopithèques[6] ont été découverts depuis. Mis les uns à la suite des autres, ils représentent une progression des

---

1. ***Naturaliste*** : spécialiste des sciences naturelles.
2. ***Rejetons*** : descendants, enfants.
3. ***Homo sapiens*** : voir note 3, p. 9.
4. ***Paresseux*** : mammifères à mouvements lents, vivant dans les arbres.
5. ***Homo erectus*** (en latin, « homme dressé ») et ***Homo habilis*** (« homme habile ») existaient avant *Homo sapiens*.
6. ***Australopithèques*** : parmi les plus anciens ancêtres de l'homme.

caractéristiques humaines : entre 4 et 1 million d'années, ces êtres sont de plus en plus bipèdes, leur cerveau prend du volume. Leurs outils attestent enfin d'une amélioration technique. À quelques États américains près, qui se défendent toujours d'enseigner cette théorie, l'évolution ne fait plus aucun doute aujourd'hui. [...] En 1996, le pape a reconnu qu'au vu des nouvelles connaissances « la théorie de l'évolution est davantage qu'une simple hypothèse ».

« L'homme descend du singe ? Et puis quoi encore ! »,
© Sophie COISNE / *Science et Vie Junior* 129, juin 2000.

1. Pourquoi l'auteure précise-t-elle que Charles Darwin ressemble à un père Noël, si on lit les phrases qui suivent cette comparaison ?

2. Relevez trois noms latins et leur traduction. Pourquoi sont-ils écrits dans cette langue ?

3. Qu'est-ce qu'un être bipède ? De qui est-il différent ?

4. Pourquoi la théorie de Charles Darwin est-elle appelée « évolutive » ?

Création et destruction du monde dans les récits de science-fiction

(groupement de textes n° 2)

Les récits de science-fiction se situent très souvent dans un futur sombre où la planète est dévastée. On y lit des histoires de fin du monde qui s'inspirent des récits de destruction et de création du monde, tels que la Genèse.

Le premier texte de ce groupement retrace l'évolution de l'humanité en s'intéressant à notre utilisation des armes et aux dangers qu'elles représentent. Le deuxième texte décrit un monde anéanti que parcourent deux survivants. Le troisième, enfin, raconte la création d'un homme monstrueux en laboratoire.

Arthur C. Clarke, *2001, l'Odyssée de l'espace* (1968)

Le roman d'Arthur C. Clarke (1917-2008) est sorti en même temps que le film du même nom, réalisé par Stanley Kubrick. Deux astronautes sont à bord du vaisseau spatial *Explorateur*, qui contient l'ordinateur le plus puissant au monde. Ils se dirigent vers Saturne, où un étrange bloc noir a été détecté.

Dans ce passage, l'auteur remonte aux origines de l'humanité et retrace son évolution. Le récit qu'il en fait n'est pas éloigné de la réalité scientifique, mais il adopte un point de vue particulier : celui du développement des armes, un progrès à « double tranchant »...

[Le destin de l'humanité : l'ascension de l'homme]

Depuis des centaines de milliers d'années que les grands cristaux[1] étaient descendus sur l'Afrique, les hommes-singes n'avaient rien inventé. Mais ils avaient commencé à se transformer et à développer certains talents dont les autres animaux étaient dépourvus[2]. Leurs bâtons d'os avaient accru leur portée et multiplié leur force. Ils n'étaient plus impuissants face aux fauves qu'ils devaient combattre. Ils pouvaient tuer les plus petits des carnivores et au moins décourager les plus gros lorsqu'ils ne les obligeaient pas à fuir. Leurs dents massives devenaient plus petites depuis qu'elles n'étaient plus essentielles. Les pierres acérées[3] qui pouvaient déterrer les racines, trancher la chair ou les fibres avaient commencé de les remplacer, avec des conséquences encore inappréciables. Jamais plus les hommes ne seraient condamnés à la famine par suite de l'usure ou de la défaillance de leurs dents. Les plus grossiers des outils leur donnaient quelques années de plus à vivre. Et tandis que leurs crocs diminuaient, la forme de leur visage s'altérait[4]. Le groin s'effaçait et la mâchoire massive s'affinait. La bouche devenait capable de produire des sons plus subtils. Le langage était encore à un million d'années de là, mais il s'ébauchait[5].

C'est alors que le monde se mit à changer. Les âges de glace[6] vinrent, comme deux grandes vagues dont les crêtes[7]

1. ***Cristaux*** : sortes de pierres transparentes et dures. Dans l'histoire, ils apparaissent mystérieusement en même temps que les progrès des hommes-singes.
2. ***Dépourvus*** : privés.
3. ***Acérées*** : coupantes.
4. ***S'altérait*** : changeait.
5. ***S'ébauchait*** : commençait à prendre forme, à exister.
6. ***Âges de glace*** : longues périodes de refroidissement de la température à l'échelle de la planète.
7. ***Crêtes*** : ici, sommets des vagues.

étaient séparées par cent mille années. Loin des tropiques, les glaciers balayèrent ceux qui avaient prématurément abandonné les demeures ancestrales. Partout sur la Terre ils effaçaient les créatures qui n'avaient pu s'adapter.

Avec les glaciations disparut la plus grande partie des premiers habitants du monde, y compris les hommes-singes. Mais, à la différence de tant d'autres créatures, ils avaient laissé une descendance. Ils ne s'étaient pas éteints mais transformés. Ils avaient été refaçonnés par les outils qu'ils avaient créés. En se servant de bâtons et de silex, leurs mains avaient acquis une dextérité[1] que ne possédait aucun autre animal, une dextérité qui leur permettait d'améliorer sans cesse leurs outils et, par là, de développer leurs membres et leur esprit. C'était un processus cumulatif[2] qui allait s'accélérant avec, à son terme, l'Homme.

Ces premiers hommes véritables possédaient des outils et des armes à peine meilleurs que ceux de leurs ancêtres, un million d'années auparavant, mais ils s'en servaient beaucoup plus adroitement. Et, quelque part dans la pénombre[3] des siècles écoulés, ils avaient inventé l'instrument essentiel, que l'on ne pouvait ni voir ni toucher : la parole. Ainsi, ils avaient remporté leur première grande victoire sur le Temps. Désormais, la connaissance d'une génération pourrait être transmise à la suivante et chaque âge profiterait de tous ceux qui l'avaient précédé. Contrairement aux animaux, qui ne connaissaient que le présent, l'Homme avait conquis le passé et il commençait à ramper vers l'avenir.

Il apprenait également à dompter les forces naturelles. En domestiquant le feu, il avait posé les bases de la technologie

---

1. ***Dextérité*** : habileté.
2. ***Un processus cumulatif*** : un progrès constant.
3. ***Pénombre*** : obscurité.

et laissé loin derrière lui ses origines animales. La pierre amena le bronze, puis le fer. La chasse fut supplantée[1] par l'agriculture. La tribu[2] habita le village qui devint ville. Le langage se fit éternel grâce à certains signes dans la pierre, l'argile, le papyrus. L'homme inventa la philosophie, la religion. Et il peupla le ciel de dieux, pas tout à fait au hasard.

Tandis que son corps devenait plus fragile, ses armes se faisaient plus effrayantes. Avec la pierre, le bronze et le fer, il possédait le pouvoir de percer et de trancher. Très vite, il apprit à abattre ses victimes à distance. La lance, l'arc, le fusil et finalement le missile téléguidé lui assurèrent des moyens de défense d'une portée illimitée et d'une puissance quasi infinie.

Sans ces armes, bien que parfois il les eût utilisées contre lui-même, l'Homme n'aurait pu conquérir sa planète. En elles, il avait mis son corps et son âme et, durant des siècles, elles l'avaient bien servi.

Mais à présent, tant qu'elles existeraient, son temps serait compté[3].

Titre original : 2001 : A SPACE ODYSSEY

1. Quels progrès assurant leur survie les « hommes-singes » ont-ils faits ?

2. Relevez le champ lexical[4] du corps indiquant les parties qui se modifient, et différenciez les termes appartenant au corps humain de ceux appartenant au corps animal. Qu'en concluez-vous ?

3. Quel phénomène fait disparaître la plupart des êtres vivants ?

---

1. ***Supplantée*** : remplacée.
2. ***Tribu*** : voir note 6, p. 43.
3. ***Son temps serait compté*** : sa fin serait proche.
4. ***Champ lexical*** : voir encadré, p. 138.

4. En citant les mots du texte, énumérez les progrès qu'accomplissent les hommes au cours des siècles. Quels sont, selon vous, les plus importants ?

5. Quelles inventions ont assuré la survie de l'espèce humaine puis causé sa perte ? Nommez deux inventions dans ce domaine, de la plus ancienne à la plus moderne.

Cormac McCarthy, *La Route* (2008)

Cormac McCarthy est un écrivain américain contemporain. Il publie en 2008 son roman *La Route* (paru en 2006 aux États-Unis sous le titre *The Road*), qui a connu un grand succès.

Ce roman décrit le monde après l'apocalypse [1]. Seuls quelques rares survivants (devenus pour la plupart des criminels) errent dans un paysage de brouillard et de cendres. Un père (« l'homme ») et son fils (« le petit ») suivent une route vers le sud, poussant un Caddie qui contient leurs affaires. Ils espèrent trouver, au bout de cette route, leur survie…

[La fin du monde]

De l'autre côté de la vallée la route passait à travers un brûlis [2] totalement noir. À perte de vue de chaque côté de la route des troncs d'arbre carbonisés amputés de leurs branches. La cendre volante se déplaçant au-dessus de la route et dans le vent le grêle [3] gémissement des fils morts

---

1. ***Apocalypse*** : fin du monde. Ce mot fait référence à l'Apocalypse de saint Jean, dernier livre du Nouveau Testament de la Bible, révélant la prochaine destruction du monde.
2. ***Brûlis*** : lieu où l'on a brûlé la végétation.
3. ***Grêle*** : faible.

tombant comme des mains flasques[1] des poteaux électriques noircis. Une maison incendiée dans une clairière et au-delà une étendue grise et nue d'anciens herbages et un remblai[2] de boue rouge à vif où un chantier routier gisait à l'abandon. Plus loin le long de la route il y avait des panneaux avec des publicités pour des motels. Toute chose telle qu'elle avait été jadis mais décolorée et désagrégée[3]. Ils firent halte en haut de la côte dans le froid et le vent pour reprendre haleine. Il regardait le petit. Ça va, dit le petit. L'homme lui posa la main sur l'épaule et d'un signe de tête désigna l'espace découvert qui s'étendait à leurs pieds. Il sortit les jumelles du Caddie et resta sur la route à scruter[4] la plaine là où la forme d'une ville apparaissait dans la grisaille comme une esquisse[5] au charbon de bois tracée sur les terres dévastées. Rien à voir. Aucune fumée. Je peux regarder ? dit le petit. Oui. Bien sûr. S'appuyant contre le Caddie, le petit ajusta la molette[6]. Qu'est-ce que tu vois ? dit l'homme. Rien. Le petit abaissa les jumelles. Il pleut. Oui, dit l'homme. Je sais.

Ils laissèrent le Caddie dans un ravin avec la bâche par-dessus et gravirent la pente entre les fûts[7] noirs des arbres jusqu'à l'endroit où il avait aperçu un encorbellement rocheux[8]. Assis à l'abri de la corniche ils regardaient les nappes de pluie grises balayer la vallée. Il faisait très froid. Ils se serraient l'un contre l'autre enveloppés chacun dans une couverture passée par-dessus leurs vestes et au bout d'un moment la pluie cessa et il n'y eut que le bruit des gouttes dans les bois.

---

1. ***Flasques*** : molles.
2. ***Remblai*** : talus, levée de terre.
3. ***Désagrégée*** : détruite.
4. ***Scruter*** : regarder avec attention.
5. ***Esquisse*** : dessin fait rapidement, souvent pour servir de brouillon.
6. ***Molette*** : roulette de réglage.
7. ***Fûts*** : ici, troncs.
8. ***Encorbellement rocheux*** : pierres qui dépassent d'une paroi (comme un balcon).

Ils attendirent une éclaircie pour repartir. Ils redescendirent jusqu'au Caddie et retirèrent la bâche et prirent leurs couvertures et les affaires dont ils auraient besoin pour la nuit. Ils remontèrent et établirent leur bivouac[1] sur la terre sèche sous le surplomb[2] et l'homme s'assit en entourant le petit de ses bras pour tenter de le réchauffer. Enveloppés dans les couvertures, surveillant l'obscurité sans nom qui viendrait les emprisonner dans son linceul[3]. La forme grise de la ville s'effaçait dans la nuit tombante comme une apparition et il alluma la petite lampe et la posa dans un endroit abrité du vent. Puis ils retournèrent sur la route et il prit la main du petit et ils montèrent en haut de la côte là où la route arrivait à la crête et d'où l'on pouvait voir au sud les terres gagnées par l'obscurité, debout tous deux en plein vent, enveloppés dans leurs couvertures, guettant un signe quelconque d'un feu ou d'une lampe. Il n'y avait rien. La lampe dans les rochers au flanc de la colline était à peine un point lumineux et au bout d'un moment ils firent demi-tour. Tout était beaucoup trop mouillé pour allumer un feu. Ils mangèrent froid leur pauvre repas et s'allongèrent dans leur couchage, la lampe posée entre eux. Il avait apporté le livre du petit mais le petit était trop fatigué pour lire. On peut laisser la lampe allumée jusqu'à ce que je m'endorme ? dit-il. Oui. Bien sûr.

Il mit longtemps à s'endormir. Au bout d'un moment il se tourna et regarda l'homme. Dans la faible lueur son visage marqué des stries[4] noires de la pluie pareil au visage d'un comédien du monde antique. Je peux te demander quelque chose ? dit-il.

---

1. ***Bivouac*** : campement.
2. ***Le surplomb*** : la partie de la roche qui dépasse vers l'avant et les protège.
3. ***Linceul*** : drap qui enveloppe un mort.
4. ***Stries*** : marques en forme de rayures.

Oui. Évidemment.
Est-ce qu'on va mourir ?
Un jour. Pas maintenant.
Et on va toujours vers le sud.
Oui.
Pour avoir chaud.
Oui.
D'accord.

Cormac McCarthy, *La Route*, © Éditions de l'Olivier, 2008, pour la traduction française ; rééd. coll. « Points », 2009.

1. Relevez les termes qui, dans le premier paragraphe, décrivent la couleur du paysage. Qu'en concluez-vous ?

2. Les troncs d'arbres sont « amputés », les fils électriques « morts » et semblables à « des mains flasques » : à qui, habituellement, ces mots s'appliquent-ils ? Pourquoi sont-ils employés ici ?

3. Relevez dans le début du texte les mots qui indiquent la cause de la destruction du paysage. Quelle est cette cause ?

4. Pourquoi les conditions de vie des deux personnages sont-elles terriblement difficiles ? Donnez des exemples tirés du texte.

5. Qu'aimeriez-vous que le père et son fils trouvent au bout de « la route » ?

6. Dans les textes de la partie « Destruction et renaissance du monde » (p. 95-114), quelle est la cause de la possible destruction du monde et qui l'a souhaitée ?

Mary Shelley, *Frankenstein* (1818)

Mary Shelley est une écrivaine anglaise du XIXe siècle. Elle a écrit son premier roman, *Frankenstein*, à l'âge de 19 ans. Le sous-titre du roman est « le Prométhée moderne », en référence au Titan[1] de la mythologie grecque (voir texte 6, p. 44-47), parfois considéré comme le créateur du premier homme.

Ce roman est la première œuvre de science-fiction de l'histoire de la littérature. Il raconte les aventures de Victor Frankenstein, un savant suisse qui réussit à créer un homme… à partir de cadavres ! Mais l'apparence monstrueuse de cette créature, décrite dans ce passage, anéantit le savant.

[La création d'un monstre]

Ce fut par une lugubre[2] nuit de novembre que je contemplai mon œuvre terminée. Dans une anxiété proche de l'agonie, je rassemblai autour de moi les instruments qui devaient me permettre de faire passer l'étincelle de la vie dans la créature inerte[3] étendue à mes pieds. Il était déjà une heure du matin ; une pluie funèbre[4] martelait les vitres et ma bougie était presque consumée, lorsque à la lueur de cette lumière à demi éteinte, je vis s'ouvrir l'œil jaune et terne de cet être ; sa respiration pénible commença, et un mouvement convulsif[5] agita ses membres.

Comment décrire mes émotions en présence de cette catastrophe, ou dessiner le malheureux qu'avec un labeur[6] et des soins si infinis je m'étais forcé de former ? Ses membres étaient proportionnés entre eux, et j'avais choisi ses traits pour leur beauté. Pour leur beauté ! Grand Dieu ! Sa peau

---

1. ***Titan*** : voir note 1, p. 13.
2. ***Lugubre*** : sinistre, qui fait penser à la mort.
3. ***Inerte*** : voir note 1, p. 48.
4. ***Funèbre*** : qui fait penser à la mort (comme lugubre).
5. ***Convulsif*** : nerveux, qui fait des soubresauts.
6. ***Labeur*** : travail.

jaune couvrait à peine le tissu des muscles et des artères ; ses cheveux étaient d'un noir brillant, et abondants ; ses dents d'une blancheur de nacre ; mais ces merveilles ne produisaient qu'un contraste plus horrible avec les yeux transparents, qui semblaient presque de la même couleur que les orbites [1] d'un blanc terne qui les encadraient, que son teint parcheminé [2] et ses lèvres droites et noires.

Les accidents variés de la vie ne sont pas aussi sujets au changement que les sentiments humains. Depuis près de deux ans, j'avais travaillé sans relâche dans le seul but de communiquer la vie à un corps inanimé. Je m'étais privé de repos et d'hygiène. Mon désir avait été d'une ardeur immodérée [3], et maintenant qu'il se trouvait réalisé, la beauté du rêve s'évanouissait, une horreur et un dégoût sans bornes m'emplissaient l'âme. Incapable de supporter la vue de l'être que j'avais créé, je me précipitai hors de la pièce, et restai longtemps dans le même état d'esprit dans ma chambre, sans pouvoir goûter de sommeil [4]. La lassitude finit par succéder à l'agitation dont j'avais auparavant souffert, et je me précipitai tout habillé sur mon lit, essayant de trouver un instant d'oubli. Mais ce fut en vain : je dormis, il est vrai, mais d'un sommeil troublé par les rêves les plus terribles. [...] Je tressaillis et m'éveillai dans l'horreur ; une sueur froide me couvrait le front, mes dents claquaient, tous mes membres étaient convulsés [5] : c'est alors qu'à la lumière incertaine et jaunâtre de la lune traversant les persiennes [6] de ma fenêtre, j'aperçus le malheureux, le misérable monstre que j'avais créé. Il soulevait le rideau du lit ; et ses yeux, s'il est permis de les appeler ainsi, étaient fixés sur moi. Ses

---

1. ***Orbites*** : trous dans lesquels se trouvent les yeux.
2. ***Parcheminé*** : qui a l'aspect du parchemin (voir note 1, p. 10).
3. ***Ardeur immodérée*** : énergie sans retenue.
4. ***Goûter de sommeil*** : dormir.
5. ***Convulsés*** : tremblants et tendus.
6. ***Persiennes*** : sortes de volets.

mâchoires s'ouvraient, et il marmottait[1] des sons inarticulés, en même temps qu'une grimace ridait ses joues. Peut-être parla-t-il, mais je n'entendis rien ; l'une de ses mains était tendue, apparemment pour me retenir, mais je m'échappai et me précipitai en bas. Je me réfugiai dans la cour de la maison que j'habitais, et j'y restai tout le reste de la nuit, faisant les cent pas dans l'agitation la plus grande, écoutant attentivement, guettant et craignant chaque son, comme s'il devait m'annoncer l'approche du cadavre démoniaque à qui j'avais donné la vie de façon si misérable.

Ah ! aucun mortel ne pourrait supporter la vue de ce visage horrible. Une momie à qui le mouvement a été rendu ne saurait être aussi hideuse. Je l'avais contemplé avant qu'il fût achevé ; il était laid, sans doute ; mais quand ses muscles et ses articulations purent se mouvoir, cela devint une chose telle que Dante[2] lui-même n'aurait pu la concevoir.

Mary Shelley, *Frankenstein*, trad. Germain d'Hangest, Flammarion, coll. « Étonnants Classiques », 2016.

1. Dans le premier paragraphe, quels mots annoncent la terrifiante découverte ?

2. Lesquels annoncent que le corps du « monstre » prend vie ?

3. Dans la description de la créature, relevez les termes qui sont en rapport avec la beauté et ceux qui sont en rapport avec la laideur. Qu'en concluez-vous ?

4. Relevez le champ lexical[3] de la peur au moment où le savant se réveille. Qu'indique cet ensemble de mots ?

5. Quel texte de l'Antiquité décrit la création d'un être d'une beauté parfaite, à l'opposé de cette créature ?

---

1. ***Marmottait*** : murmurait entre ses dents.
2. ***Dante*** : poète italien (1265-1321), auteur de *La Divine Comédie*, qui retrace un voyage dans les trois règnes de l'Au-delà : l'Enfer, le Purgatoire, le Paradis.
3. ***Champ lexical*** : voir encadré, p. 138.

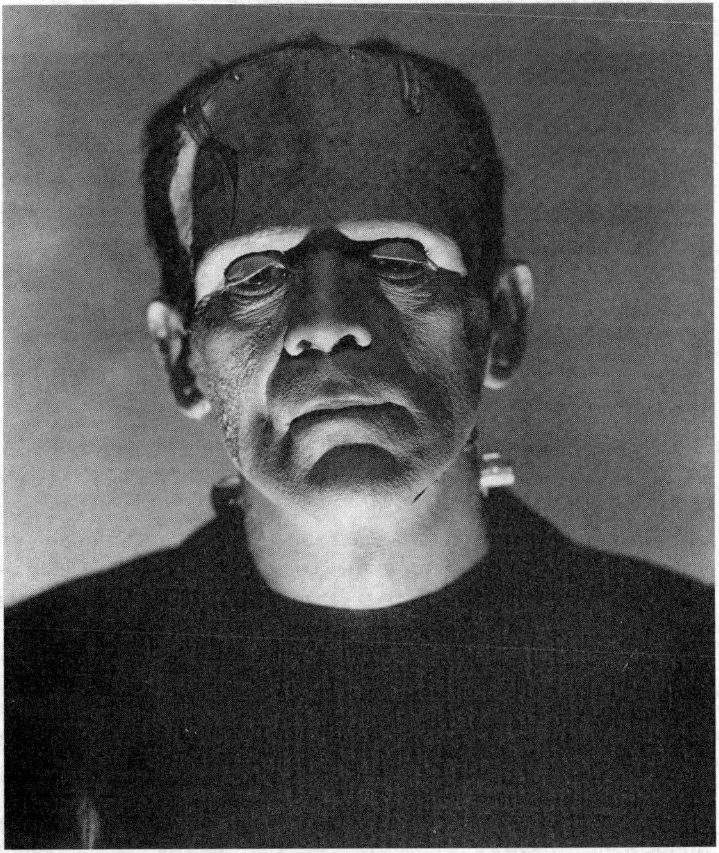

■ L'acteur Boris Karloff incarne Frankenstein dans *La Fiancée de Frankenstein* (1935) de James Whale.

Le paradis et les animaux de la Création dans les arts

(histoire des arts)

Trois représentations du paradis

Observez attentivement les tableaux de Lucas Cranach l'Ancien, Paul de Vos et Marc Chagall, reproduits p. 1 et 2 du cahier photos.

1. Quels éléments (êtres, personnages...) chaque artiste a-t-il mis en valeur ?

2. Quels éléments se retrouvent dans les trois tableaux ?

3. Quelle représentation du paradis vous semble la plus proche du texte biblique (voir texte 9, p. 56-59) ? Pourquoi ?

4. Ces scènes représentent le bonheur et l'harmonie, pourtant certains éléments annoncent que ce bonheur ne durera pas. Précisez lesquels pour chaque œuvre.

5. « Un petit coin de paradis » est une expression désignant un endroit enchanteur. Imaginez votre « coin de paradis », situé en intérieur ou à l'extérieur, et décrivez-le en détail. Dessinez ensuite ce lieu.

Les animaux dans la Création

Observez toutes les œuvres qui représentent des animaux, reproduites dans ce livre.

1. Retrouvez, dans le texte biblique p. 54, les expressions qui différencient les espèces animales.

2. Nommez le plus possible d'animaux dans le tableau *L'Arche de Noé* de Simon de Myle, en les classant selon qu'ils sont des animaux domestiques ou des animaux sauvages. Comment sont-ils représentés, selon vous ?

3. Parmi toutes les œuvres reproduites dans ce livre, quelle représentation animale trouvez-vous la plus réaliste (la plus proche du réel) ?

4. Quelle représentation est, selon vous, la plus belle, laquelle la plus effrayante, et enfin laquelle la plus émouvante ? (Nommez trois tableaux.)

5. Pourquoi les animaux tiennent-ils une si grande place dans ces tableaux ?

Écrivez votre propre récit de création

(parcours en ligne)

Rendez-vous sur le site de la BnF (Bibliothèque nationale de France) et consultez l'exposition « Ciel et Terre » : expositions.bnf.fr/ciel/

1. Cliquez sur « Le mystère des origines ».

2. Dans la colonne de gauche, cliquez sur « Atelier ».

3. Descendez sur la page jusqu'à la rubrique « Contes et récits ». Lisez « Cinq débuts de récits ».

5. Lisez la rubrique suivante : « Les ingrédients d'un récit ». Comme indiqué, recopiez un ingrédient (ou élément) par rubrique. À partir de ces sept ingrédients, rédigez, au passé, votre propre récit qui devra comporter une création (d'un monde, d'un être, etc.).

Aide vocabulaire

Une géante rouge : une étoile devenue géante ; *un trou noir* : un objet céleste très compact ; *une mutation génétique* : une transformation d'éléments infiniment petits de notre organisme (ceux qui nous différencient les uns des autres) ; *l'eau de la régénérescence* : l'eau qui répare, guérit, rajeunit ; *Alidazur* : nom propre de lieu ; *Naéma* : nom propre ; *la Division* : la mauvaise entente (ici personnifiée, voir encadré, p. 140).

Un livre, un film

La Prophétie des grenouilles, de Jacques-Rémy Girerd (France, 2003)

La Prophétie[1] *des grenouilles* est un dessin animé réalisé « à l'ancienne », c'est-à-dire qu'il est composé de près d'un million de dessins faits à la main (il faut en effet vingt-quatre images pour faire une seconde de film). Tous les dessins ont ensuite été retraités par ordinateur, de manière à en harmoniser les traits et les couleurs.

Après avoir écrit le scénario de *La Prophétie des grenouilles*, le réalisateur Jacques-Rémy Girerd a d'abord engagé des comédiens, dont certaines figures historiques du cinéma français comme Michel Piccoli (qui prête sa voix à Ferdinand) ou Annie Girardot (l'éléphante). Il a enregistré leurs voix en studio puis a fait appel à un musicien, Serge Besset. C'est seulement une fois que voix et musique ont été prêtes que le travail de dessin a commencé, les animateurs (ceux qui dessinent) se synchronisant sur les sons enregistrés. C'est un

---

1. ***Prophétie*** : ce qui est annoncé par des personnes qui disent connaître l'avenir.

■ Affiche du film *La Prophétie des grenouilles* (2003) de Jacques-Rémy Girerd.

travail très long (il s'est écoulé six ans entre l'écriture du scénario et la sortie du film), mais qui garantit un rendu « artisanal » (c'est-à-dire l'impression que tout a été fait à la main et non par ordinateur).

L'histoire du film fait penser au récit du Déluge dans la Bible (voir texte 22, p. 103-108) : les points communs sont nombreux. Mais, dans la Bible, la Genèse ne raconte pas les difficultés qu'auraient les différentes espèces d'animaux à cohabiter, alors que *La Prophétie des grenouilles* met ce problème au cœur de l'histoire. Faut-il y voir une fable sur la difficulté que les êtres humains rencontrent parfois à vivre ensemble ? Le film explique ainsi patiemment que « tout le monde a ses raisons », c'est-à-dire que les carnivores, par exemple, ne peuvent pas s'empêcher très longtemps de manger de la viande... Mais aussi que, parfois, « il faut se faire une raison », sous-entendu faire des compromis lorsque l'on vit avec d'autres personnes.

Analyse d'ensemble

À propos du graphisme

Les dessinateurs de *La Prophétie des grenouilles*, sous la direction de Jacques-Rémy Girerd, n'ont pas cherché à imiter de manière réaliste l'aspect des animaux ni celui des humains. Comment pouvez-vous décrire les yeux de tous ces êtres vivants, tels qu'ils sont dessinés dans le film ? Et leurs pattes ou leurs jambes ? Quel est l'effet produit ?

À propos de la prophétie

Comment la prophétie des grenouilles, selon laquelle l'eau va monter, est-elle représentée par le dessin ? Cette prophétie a-t-elle de l'utilité pour les héros de l'histoire ?

À propos du Déluge

Dans *L'Épopée de Gilgamesh*, dans la mythologie romaine, la Bible et le Coran, le Déluge est présenté comme une catastrophe qui frappe la Terre entière, l'humanité échappant de justesse à la destruction totale, grâce à un héros. Mais, dans *La Prophétie des grenouilles*, les choses sont différentes, comme on s'en aperçoit à la fin, lorsque le brouillard se dissipe et que les gérants du zoo réapparaissent. Que pensez-vous de cette différence ?

Analyse de séquences

La scène d'ouverture (du début à 00.01.57)

1. Que peut-on dire de la façon dont les mots apparaissent et disparaissent durant le générique ? À quoi cela vous fait-il penser ?

2. Nous sommes amenés progressivement au cœur de l'histoire. Comment cette progression se traduit-elle visuellement ? Pour répondre, décrivez l'enchaînement des images.

3. Qu'apprenons-nous sur Tom lors de sa première apparition à l'écran ?

Analyse de l'attaque des crocodiles (de 01.05.26 à 01.07.00)

4. Par quels procédés cinématographiques le suspense, c'est-à-dire la sensation de voir le danger s'approcher, est-il construit ?

Notes et citations

Notes et citations

Notes et citations

Notes et citations

Notes et citations

Notes et citations

Notes et citations

Notes et citations

Notes et citations

Cet ouvrage a été mis en pages par

<pixellence>

N° d’édition : 554958-2
Dépôt légal : janvier 2019
Imprimé en Espagne par Novoprint (Barcelone)
Achevé d'imprimer en août 2022